重庆市社会科学规划博士项目"基于普惠金融视角的中国农村地区电子化金融服务发展研究"（2012BS52）

我国农村金融排斥研究：
测度、福利影响与政策干预

WOGUO NONGCUN JINRONG PAICHI YANJIU:
CEDU、FULI YINGXIANG YU ZHENGCE GANYU

田 杰 著

西南财经大学出版社

图书在版编目(CIP)数据

我国农村金融排斥研究:测度、福利影响与政策干预/田杰著. —成都:西南财经大学出版社,2015.5
ISBN 978 - 7 - 5504 - 1527 - 0

Ⅰ.①我…　Ⅱ.①田…　Ⅲ.①农村金融—研究—中国　Ⅳ.①F832.35

中国版本图书馆 CIP 数据核字(2014)第 186148 号

我国农村金融排斥研究:测度、福利影响与政策干预

田　杰　著

责任编辑:林　伶
封面设计:墨创文化　杨红鹰
责任印制:封俊川

出版发行	西南财经大学出版社(四川省成都市光华村街55号)
网　　址	http://www.bookcj.com
电子邮件	bookcj@ foxmail.com
邮政编码	610074
电　　话	028 - 87353785　87352368
印　　刷	郫县犀浦印刷厂
成品尺寸	148mm×210mm
印　　张	7.125
字　　数	170 千字
版　　次	2015 年 5 月第 1 版
印　　次	2015 年 5 月第 1 次印刷
书　　号	ISBN 978 - 7 - 5504 - 1527 - 0
定　　价	39.00 元

前　言

　　金融排斥在全世界各个国家普遍存在，当前我国农村地区遭受严重的金融排斥，表现为农村金融密度偏低，分布不均匀，而且部分农村地区呈现一定程度的"金融沙漠"；农户获取贷款的比例偏低；县域农村地区贷款投放比例低且农村金融机构资金外流严重。农村金融排斥对农村社会经济产生了不利的影响，其不仅会导致农村地区金融发展的不均衡；同时，农村金融排斥的提高在一定程度上会抑制农村经济增长、加剧农村收入分配的不平等，严重地影响和谐社会主义新农村的构建。农村金融排斥导致的后果引起了学者和政策制定者的广泛关注。本书在对我国农村金融排斥的诱因及导致的后果进行研究的基础上，提出相应的政策建议来降低农村金融排斥，在我国构建包容性农村金融体系，从而实现我国农村经济的包容性增长。

　　本书坚持描述性分析与实证分析相结合、定性分析与定量分析相结合的原则，采用文献研究法、数理统计法、计量模型法、比较分析法揭示了我国农村金融排斥的现状，分析了我国农村金融排斥的诱因及其导致的后果，最后本书探讨了我国农村金融排斥的干预路径。研究的主要结论如下：

　　（1）我国农村金融排斥的现状。首先对我国 2009 年农村金融排斥现状进行描述分析得出：全国及各个省份农村金融机构网点分布不均匀且农村金融密度偏低，农村地区资金外流严重、贷款投放比例小，农户及中小企业获取贷款比例偏低。其次，本书采用σ收敛、β收敛和"俱乐部收敛"3种分析方法，以IFE（金融排斥指数）为衡量指标，对我国农村金融排斥的收敛性进行了分析，并对影响农村金融排斥的关键因素进行了条件β收敛的检验。研究表明：我国农村地区金融排斥总体存在σ收敛并表现出明显的β绝对收敛特征。控制地理位置、人均GDP、城镇化比例、受教育水平、城乡收入差距、信息技术、就业率和商业环境后，我国农村地区金融排斥表现出条件β收敛；东、中、西三大地区不存在俱乐部收敛，即东、西部地区呈现发散，中部地区表现收敛。

（2）我国农村金融排斥的诱因。本书使用来自我国县级层面的数据，经验性地分析了影响农村金融排斥的因素。研究结果表明：表征社会经济特征的人均收入、就业率、教育水平、商业化程度、城镇化比例、政府对经济发展的支持力度等越高，农村金融排斥越低；用城乡收入差距表示的不平等程度越高，农村金融排斥越高；信息技术使用比例越高，农村金融排斥越低；中西部地区、少数民族地区更有可能遭受较高的农村金融排斥。

（3）我国农村金融排斥的后果。我国农村金融排斥对农村生产率影响的实证表明：我国农村金融排斥对农村生产率的影响为负，组成农村金融排斥的贷款使用效用维度和产品接触维度的排除抑制了农村生产率增长，中部地区农村金融排斥的生产率效应为负；我国农村金融排斥对城乡收入差距影响的实证表明：农村金融排斥的上升会扩大城乡收入差距，而且非农产业比例高的县（市），农村金融排斥的上升会缩小城乡收入差距，东、西部地区农村金融排斥扩大了城乡收入差距。我国农村金融排斥对农户收入影响的实证表明：我国农村金融排斥对农户收入具有显著的抑制效应，组成农村金融排斥的地理渗透性和产品接触性与农户收入负相关；储蓄和贷款服务的使用效用性和农户收入正相关，原因在于我国县域农村金融发展存在结构和功能失衡。东部地区农村金融排斥和农户收入负相关，而中、西部地区农村金融排斥和农户收入正相关。

（4）我国农村金融排斥的干预路径。本书提出了从村镇银行和电子化金融服务的发展两个方面来应对我国农村金融排斥。村镇银行在应对我国农村金融排斥中发挥了积极作用，但是村镇银行的发展也面临着一些困境，对影响我国村镇银行网点选址因素的研究结果表明：表征社会经济特征的人均收入、地方财政支出、城镇固定资产投资、城镇化比例、就业人数和村镇银行网点选址正相关。表示竞争优势的第一产业增加值和村镇银行网点选址正相关。此外，村镇银行选址偏好于信息化水平高的地方。因此，要加大对村镇银行的政策支持，激励其到贫困地区积极开展涉农业务；同时要发展农业产业，着力培育整合大型农业企业；要加大信息推广力度，以推动我国村镇银行的发展；信息通信技术通过农村金融包容能有效地促进农村经济增长。电子化金融通过提供便利的、可支付的和可接近的农村金融服务来减轻农村金融排斥。印度、肯尼亚、巴西和菲律宾的电子化金融服务发展经验值得借鉴。在农村地区发展电子化金融服务具有成本优势和技术优势，我国农村地区发展电子化金融服务具备良好的政策环境、经济环境、社会环境和技术环境。电子化金融服务在我国农村部分地区也得到成功的推广和应用。

村镇银行和电子化金融服务的发展将会减轻我国农村金融排斥，从而推动我国农村包容性金融体系的构建。

关键词：农村金融排斥；农村金融包容；村镇银行；电子化金融服务

Abstract

Finance exclusion exists in each county all over the world. Rural areas in China are suffering serious finance exclusion, such as finance density is low and uneven in different rural areas while some have little finance services which are called finance desert. At the same time the proportion of farmers and county rural areas obtaining loans are low. And county financial institutions are undergoing fierce drain of capital. Rural finance exclusion had profound influence on rural economy which seriously hinder harmonious development of rural society economy for it can' t only lead to unbalanced rural financial development but also accelerate economic development polarization between different regions and groups. The consequences caused by rural finance exclusion have widely drawn attention from researchers and policy deciders. In order to realize inclusive growth in rural economy in China, the article proposed correspondent policy advice to reduce rural finance exclusion and establish inclusive rural finance system on the base of researching causes and results of rural finance exclusion.

The article insisted on combining descriptive analysis and empirical analysis and combining qualitative analysis and quantitative analysis. We used literature research method, mathematic statistic method, econometric model method and comparison analysis method to analyze the current situation of rural finance exclusion, reveal causes and results of rural finance exclusion. The last part discussed the intervention path of rural finance exclusion in China. The research has drawn the following conclusions:

(1) The present situation of China's rural financial exclusion. Through the present analysis of the rural financial exclusion in 2009, We can see that the distribution of financial institutions are uneven in the country and every province and with the lower rural financial density, the much worse outflows of Rural capital, smaller proportion of rural loans, and farmers and small and medium-sized enterprise has much lower rate of accessing loans. And then this paper analyzed the Chinese rural financial exclusion convergence, with the help of σ convergence, β convergence and club convergence analysis ways and tested the key elements which impact rural finance with β-convergence. The results show that: China's each county (city)'s financial exclusion generally characterized σconvergence and showed significant β absolute convergence characteristics. Controlled the location, the per capita GDP, urbanization ratio, education level, urban-rural income gap, information technology, employment and business environment, China's rural financial exclusion conditions showed β convergence; there were no club convergence in eastern, central and western regions, eastern and western regions show divergence, the central region showed convergence.

(2) Triggers of China's rural financial exclusion. This article uses the data from the level of counties and then empirically analyzed the factors that affected the financial exclusion. The results show that: the per capita income, employment, education, commercialization,

ratio of urbanization, government's support for economic development which represented the socio-economic characteristics and so on are higher, then the index of rural financial exclusion is much lower; With the gap of urban-rural income which represented the levels of inequality get higher, the degree of rural financial exclusion also get higher; the Use of information technology is higher, then the degree of the rural financial exclusion is much lower; the regions in the western, ethnic minority areas are more likely to suffer from a high degree of the rural financial exclusion.

(3) Consequences of China's rural financial exclusion. This article empirically analyzed the relationship between rural financial exclusion and the productivity in China. The results show that, The rural financial exclusion is positive with productivity in China, use utility dimension of loan and the Contact dimension of rural finance products which were the composition of rural inclusive finance significantly contributed to productivity growth in rural areas, the other dimensions of which have different effects on the rural productivity; the effect of financial excluson on rural productivity in The central region is positive. This article empirically analyzed the relationship between rural financial exclusion and urban-rural income gap. The results show that, the expansion of rural financial exclusion increased the urban-rural income gap, and in the county (city) with a high proportion of non-agricultural industries, its rural financial exclusion inhibits the rise of rural-urban income disparities. Rural financial exclusion in the eastern and western regions will expand the urban and rural income gap. Rural financial exclusion in the central region was not significant. This article empirically analyzed the relationship between rural financial exclusion and farmers' income. The results show that the de-

velopment of China's rural financial exclusion had a significant negative effect on farmers' income. Geographic penetration and Accessibility of Product which were component of rural financial exclusion are negatively related to household income, while the usage is positively related to household income whit the Reason lies that structure and function of rural financial is unbalanced in the county of China.. rural inclusive finance in the eastern had a negative relationship with household income while in the central and western regions it shows the positive correlation.

(4) The path about the intervention of China's rural financial exclusion. This paper puts forward two aspects of the development of the village bank and the electronic financial services to interve the rural financial exclusion. Village bank play a positive role, but village bank also faced some troubles during it's development, This article empirically analyzed the factors which influence village Banks' site. The results show that: the per capita income, local fiscal expenditure, urban fixed asset investment, urbanization ratio, employment which represented the socio-economic characteristics and so on are positively related to location of Village banks' network. The added Value of primary industry which represented the advantage in competition are positively related to location of Village banks' network. Inaddition, the village banks prefer to establishing network in place which have high levels of information technology. Therefore, we should raise the policy to support the devolopment of town bank, and encourage its business in poor areas; At the same time we should develop the agricultural industry and focus on the cultivation and integration of large agricultural enterprises and also we should popularize information technology; Electronic finance could alleviate rural financial exclusion by providing

convenient, affordable and accessible financial services in rural areas.
The electronic financial service development mode of India, Kenya,
Brazil and Philippines are worth to draw lessons from. In rural areas,
the development of electronic financial services have cost advantages
and technological advantages. Electronic financial service has good
policy environment, economic environment, social environment and
technical environment in our country rural area. In some rural areas,
electronic financial service has also been successful in the promotion
and application of.

The development of china's rural banking and electronic finan-
cial services will reduce rural financial exclusion and promote to con-
struct our country's rural inclusive financial system.

**Key Words: rural financial exclusion; rural financial inclu-
sion; rural bank; electronic financial service**

目　录

我国农村金融排斥研究：测度、福利影响与政策干预

1 导论

1.1 研究背景、目的与意义

1.1.1 研究背景及问题的提出

（1）金融排斥在全世界各个国家普遍存在，并引起政策制定者的广泛关注。

Honohan（霍诺翰，2007）将没有获取银行账户视为金融排斥，其对全世界 177 个国家的调查表明：最富裕的欧盟地区银行账户使用比例高达 92%，最贫穷的撒哈拉沙漠以南的非洲地区使用比例只有 20%，阿拉伯国家也只有 33% 的使用比例。其他的地区如中亚和东欧、东亚、拉丁美洲和加勒比海地区、南亚使用比例位于 35%~51%。总体看来，全世界有 53% 的人未使用银行账户。这表明金融排斥在全世界各个国家广泛存在。见表 1-1。

金融排斥的危害性已经引起各国政策制定者的重视，减轻甚至消除金融排斥被视为许多国家优先发展的政策。近年来，一些国家实施了促进包容性金融法律规则，比如美国的社区再投资法和法国的反金融排斥法（1998），印度和英国政府在 2005 年也先后成立了反金融排斥工作委员会，就是为了监控和促进包容性金融的发展。

表 1-1　　　　　全世界金融服务获取情况

地区	成年人数（亿）	使用金融服务的人数（亿）	没有使用金融服务的人数（亿）	使用金融服务的比例（%）
阿拉伯国家	2.033	0.671	1.362	33
中亚和东欧	3.937	2.010	1.927	51
东亚	14.929	6.169	8.760	41
欧盟	7.189	6.587	0.602	92
拉丁美洲和加勒比海地区	3.871	1.368	2.503	35
南亚	10.530	4.414	6.116	42
撒哈拉沙漠以南的非洲	4.076	0.820	3.256	20
总计	46.564	22.039	24.525	47

资料来源：Honohan（2007）对全世界 177 个国家的调查数据汇总。

（2）我国农村地区遭受严重的金融排斥。

基于当前我国城乡二元经济发展，农村地区经济远远落后于城市这一事实，农村地区相比较城市地区遭受了更为严重的金融排斥。我国 1998 年开始的部分金融分支机构的撤并改革①以来，县域金融机构大幅撤并收缩。这是金融机构出于控制风

----

① 1998 年 6 月，中国人民银行制定了"关于国有独资商业银行分支机构改革方案"，方案对四大银行机构的撤并提出了非常具体的要求：按银行的工作人员数量和吸收存款额，人均存款额在 50 万元以下的营业网点全部撤销，50 万~100 万元的营业网点部分撤销，100 万~150 万元的营业网点合并。大量撤并的还包括二级分行。1998-2001 年，国有商业银行撤并境内分支机构和营业网点 4.4 万个。

险、降低成本的理性选择，这次改革中中国农业银行撤并力度最大①，但是面向农村的业务最多，在农村金融中起主导作用，因此这无疑加重了农村金融排斥。其后我国从 2003 开始的农村金融体制改革以来，部分农村地区更是陷入"金融沙漠"的困境。当前，我国农村地区遭受严重的金融排斥，主要表现为如下几个方面：

农村金融密度偏低，分布不均衡，而且部分农村地区呈现一定程度的"金融沙漠"。据银监会相关统计数据，全国平均每万人占有银行类金融机构网点数为 1.34 个，从表 1-2 看出，平均每万县域农村人口只拥有 1.27 个金融网点，这表明我国农村金融机构网点覆盖率偏低；农村金融网点的分布还存在严重的区域不平衡，东部发达省份北京、上海、天津、浙江每万人拥有的网点数量为 1.85 个、1.7 个、1.81 个、1.95 个，西部地区的内蒙古、西藏地区每万人拥有的农村金融机构网点数量为 1.62 个和 1.97 个，而全国有 15 个省份县域农村地区的金融机构网点覆盖率低于平均水平（云南 0.9 个、贵州 0.81 个、广西 0.77 个、湖南 1.05 个、湖北 0.84 个、河南 0.73 个、山东 1.12 个、江西 1.19 个、江苏 1.25 个、安徽 0.86 个、河北 1.03 个、广东 1 个、海南 1.21 个、重庆 1.22 个、四川 1.19 个）；此外，部分地区呈现一定程度的"金融沙漠"。2006 年年底，全国每个乡镇的银行业网点平均不到 3 个，其中 3302 个乡镇连一个营业网点也没有。2009 年年底，全国还有 2792 个金融空白乡镇。到 2011 年年底，空白乡镇仍然有 1696 个。

县域农村贷款投放比例偏低且农村金融机构的资金外流严重。2008 年县域贷款只占全国贷款的 19.2%，2008 年县域银行

---

① 见附图 1-2 表示的从 1992 年到 2003 年中国农业银行机构网点总数的变化。

金融机构存贷比为 53.6%，而同期城市地区存贷比则为 65.2%。到 2010 年年末，县域贷款余额 12.3 万亿元，在全国金融机构各项贷款余额的占比也仅仅在 25% 左右，县域金融的发展水平与我国县域经济占全国 GDP 的 50% 的地位严重不对称；此外，大量资金通过金融机构流出县域地区。据中国人民银行的统计，2007 年全国县域信贷资金净流出 1.2 万亿元，占同期全国县域金融机构储蓄总额的 13.2%。2009 年年底，全国县域信贷资金净流出 1.04 万亿元。

获取贷款的农户比例偏低。从表 1-2 看出，2010 年，我国各省份农村地区获取贷款的农户比例平均为 30.7%。其中：东部发达地区的北京、天津、上海、浙江、江苏和广东获取贷款的农户比例分别为 7%、7%、0%、25%、14%、16%；中部地区的湖北、河南、湖南、江西、安徽、山西获取贷款的农户比例为 18%、24%、36%、30%、22%、28%；西部地区的内蒙古、广西、重庆、四川、贵州、云南、陕西、甘肃、青海获取贷款的农户比例分别为 50%、27%、17%、40%、32%、51%、42%、46%、32%。现有文献研究（朱守银，2002；陈天阁，2004；霍学喜，2005）都表明了农户的融资需求比例都基本稳定在 70% 以上，有的地区甚至超过了 90%，这表明了农户贷款满足比例明显低于农户的实际需求，农户遭受了严重的贷款排除。

农村金融排斥对农村社会经济产生了深远的影响，其不仅会导致农村地区金融发展的不均衡；同时，农村金融排斥的提高在一定程度上会抑制农村经济增长、加剧农村收入分配的不平等，严重地影响和谐社会主义新农村的构建。农村金融排斥导致的后果引起了我国政策制定者的广泛关注。例如国家为促进农村金融发展所采取的宏观层面的支持政策①、财政补贴和奖励扶持政策、税收优惠政策和差别化的货币信贷政策等。

表 1-2 2010 年各个省份每万人网点数和获取贷款农户数比例

地区	每万人网点数（个）	获取贷款的农户比例（%）	地区	每万人网点数（个）	获取贷款的农户比例（%）
北京	1.85	0.07	湖北	0.84	0.18
天津	1.81	0.07	湖南	1.05	0.36
河北	1.03	0.17	广东	1	0.16
山西	1.52	0.28	广西	0.77	0.27
内蒙古	1.62	0.5	海南	1.21	0.19
辽宁	1.55	0.48	重庆	1.22	0.17
吉林	1.51	0.57	四川	1.19	0.4
黑龙江	1.3	0.71	贵州	0.81	0.32
上海	1.7	0	云南	0.9	0.51
江苏	1.25	0.14	西藏	1.97	0.55
浙江	1.95	0.25	陕西	1.36	0.42
安徽	0.86	0.22	甘肃	1.15	0.46
福建	1.27	0.23	青海	1.33	0.32
江西	1.19	0.3	宁夏	1.17	0.3
山东	1.12	0.21	新疆	1.23	0.48
河南	0.73	0.24			

（3）目前文献对我国农村金融排斥的研究还处于起步阶段。

---

① 我国 2004-2010 年的中央"一号文件"都提出了要加快农村体制的改革和创新，改善农村金融服务。

从研究内容看，现有文献对金融排斥的研究从早期关注于对银行分支机构的地理性研究（Leyshon and Thrift（莱申和思里夫特），1993，1995）转向金融排斥的人文研究（Beck（贝克）etc，2007；Ford and Rowlingson（福特和若林森），1996；Kempson and Whyley（普森和怀利），1998；徐少君，2008；田霖，2011；王修华，2011），比如金融排斥的诱因及其导致的后果。对金融排斥问题的研究在一定程度上也拓展了金融发展理论的最新研究动态——金融宽度（徐少君，2008）。金融发展不仅包括金融深度，还包括金融宽度。金融宽度也叫包容性金融，其反面是金融排斥。金融深度强调金融机构种类和数量的增长，而金融宽度强调金融服务的覆盖面和可得性，即指人们在经济活动中能够获取并使用更多便捷的金融服务。

目前文献缺乏对我国农村金融排斥的研究。我国是一个农村区域差异明显的国家，东、中、西三大经济带间存在显著的差异，而且相对城市地区，我国农村地区金融排斥问题既具有一般特性，也具有自身的特征。考虑到金融排斥数据的可得性和研究的意义，本书选取我国 2069 个县（市）作为本书的研究对象。县域经济是国民经济体系的基础和关键环节，农村包容性金融的发展将更好地促进县域经济实现包容性增长，而且以我国县（市）作为研究对象对我国农村金融排斥进行研究，可进一步丰富金融排斥理论和实证方面的研究。因此，本书使用来自我国 2069 个县（市）的数据对农村金融排斥进行研究非常必要。

1.1.2　研究目的

本书以探究我国农村金融排斥的诱因、后果以及如何干预我国农村金融排斥，最终在我国建立农村包容性金融体系为最终目的。围绕这一总目标，本书设置了如下三个分目标：①我国农村金融排斥的诱因是什么？为回答这一问题，本书在梳理现有文献的基础上构建了相应的影响因素，并使用来自我国县域农村的数据进行了实证分析。②我国农村金融排斥会导致什么后果？本书实证分析了农村金融排斥对农村生产率、城乡收入差距和农户收入的影响。③如何干预我国农村金融排斥？本书主要是结合当前我国农村发展的实际情况和本书的研究，提出了发展村镇银行和电子化金融服务。

1.1.3　研究意义

（1）理论意义

本书系统梳理了目前文献中关于金融排斥的测度方法和指标，金融排斥的诱因及导致的后果的理论和实证研究，指出了目前实证研究的不足。然后使用来自我国县域农村的数据进行了实证分析，为金融排斥的诱因及金融排斥对生产率、城乡收入差距及个人收入的影响提供了来自我国县域农村的经验证据。本书最后对村镇银行网点选址进行实证分析，检验了金融机构网点选址理论。

（2）实践意义

农村金融排斥作为一个具有较强实践指导意义的研究主题，还未有文献衡量我国不同地区农村金融排斥程度。本书使用 IFE（金融排斥指数）测算了我国不同农村地区的金融排斥度，从宏观层面揭示了我国目前农村金融排斥现状。在此基础上，本书实证分析了我国农村金融排斥的诱因及导致的后果，研究的结论为我国政策制定者干预农村金融排斥提供了参考依据。最后，本书针对目前我国村镇银行和电子化金融服务发展做了详细的分析，并提出相应具体的政策建议，研究的结论对构建我国农村包容性金融有指导意义。

1.2　农村金融排斥的相关概念与研究范围

1.2.1　农村金融排斥

目前国外文献主要借鉴了社会学关于"社会排除"这个大的社会背景来对金融排斥进行定义，金融排斥被认为是社会排除的一个方面，遭受金融排斥的人群更容易遭受社会排除。金融排斥是阻止一定的社会群体和个人获取正规的金融服务（Leyshon and Thrift，1995；Carbo（卡博）et al.，2005）。金融排斥也被认为是一定的人群没有能力通过合适的方式获取必需的金融服务，而导致金融排斥的发生可能是由于受到环境、价格和负面的社会经历和观察等导致的自我排除（Sinclair（辛克莱），2001）。印度政府的报告将金融排斥定义为"在一个可支付的成本上确保金融服务的获取，并且脆弱群体（如弱势的和低收入的群体）能及时充分地获取贷款"（Rangarajan Committee（兰加拉詹委员会），2008）。Kempson 和 Whyley（1999）指出金融排斥的过程非常复杂并且呈现出动态的变化，包含的群体可能从未使用过任何金融产品，也包括了以前使用过金融产品但后期被金融机构所排除的客户。金融排斥既指短期日常开支和金融交易不能得到满足，也包括长期金融安全得不到保障。Kempson 和 Whyley（1999）将金融排斥划分为六大维度，包括地理排除、评估排除、条件排除、价格排除、营销排除和自我排除。地理排除是指被排除对象必须依赖公共交通系统到达相距较远的金融中介获取金融服务；评估排除是主流金融机构通过风险评估这个手段来将经济主体排除在金融服务之外；条件排除是指金融产品的不尽合理附加条件影响了经济主体对其的获取；价格排除是指某些经济主体无法支付过高的金融产品而遭受排除；营销排除是指金融机构在营销的时候将特定人群排除在外；自我排除是经济主体的自身经历和心理因素将自己主动排除在主流金融体系之外。徐少君（2008）从狭义和广义的角度对金融排斥进行了总结。从广义视角看，金融排斥意味着贫困群体和贫穷地区将完全无法获取金融系统提供的金融服务；若从狭义视角看，金融排斥是指（个体）未接触储蓄、贷款和保险等金融服务，如未接触储蓄服务，便可被称为"储蓄排除"（ANZ，2004）。金融排斥主要依赖于个体特征（微观角度），但个体的居住地（宏观角度）也很重要。金融排斥不仅出现于贫困地区，在发达地区也广泛存在。Rossiter 和 Kenway（罗西特和肯威，1997）从微观层面（如家庭、个人角度）将金融排斥的概念界定为，微观经济主体缺乏储蓄账户、不能获取小额信贷、没有银行或者建房互助协会账户（即使拥有相关账户，也被附加严格的使用限制条件）。从中观层面来看，金融排斥表现为部分地区由于金融分割的存在导致其长期被金融机构排除在外或者金融机构从这些地区的直接撤离。对于金融产品有限的社区，金融排斥既是一个自强化的过程，也是造成社会排除的重要因素。

以上关于金融排斥的含义并没给出一致结论。金融服务主要包括储蓄、贷款、保险等基本类金融服务和证券、金融咨询服务等衍生类金融服务（FSA，2006）。而金融排斥特指对最基本金融服务的需求，包括储蓄、贷款和保险的基本需求得不到满足所引致的排除，未接触储蓄、贷款、保险等基础性金融服务便被视为金融排斥。金融服务产品中的股票、债券、期货等风险资产则是发展金融学的研究对象，本书研究的农村金融排斥包括储蓄、贷款、保险这三种金融产品。

1.2.2 农村金融包容

国内有学者将"Inclusive Finance"翻译为包容性金融，如焦瑾璞（2009）就将其翻译为包容性金融，其同义词还有"金融宽度"。目前国内外对包容性金融尚无权威性、一致性定义。英国政府是最早意识并着手实施金融包容建设的国家之一。2004年，英国政府专门拨出了预算经费去促进包容性金融发展，比如，英国政府出资1.2亿英镑成立了包容性基金并组建了专业服务团队，从2005年开始，该基金会对全国的包容性金融进行监督管理并提出相关建议。但是英国政府并没有对包容性金融做出明确的定义，现实中学者与政府各自按照自己的理解展开研究和实际操作。

虽然目前文献对包容性金融没有清晰的界定，但是很多国外学者直接将其理解为金融排斥的对立概念。Transact（交易）这个研究组织认为对包容性金融的认识更应该强调经济主体有能力获取合适的金融产品与服务，研究范围包括个体、家庭或企业等日常现金的管理及经济主体所接受的金融技能与知识。由于获取数据的困难，Beck研究的包容性金融只包含了银行业，并仅对存款、贷款及支付展开讨论。国内鲜见对包容性金融概念的相关界定，杜晓山（2007）对这一概念的理解是：所有需要金融服务的人都能够得到满足，包括所有地区的穷人、富人等（包括了过去金融服务难以覆盖到的贫困和偏远地区的客户）都可以平等地享受金融服务。

Transact这个研究组织只是将包容性金融界定为金融排斥的相对理念。实际上包容性金融所涵盖的金融产品与服务更广泛、更全面，包括从金融、保险、养老金等方面的有针对性农村对象的相关金融产品，以及金融咨询、投资规划等方面的全方位金融服务（田霖，2011）。但是由于包容性金融更偏重于主流金融，因此其还是有区别于金融成长或金融发展。随着金融体系发展的多元化，未来金融服务的提供者也将逐渐多元化。国外学者将一些微观金融也包含在包容性金融的研究范畴内，和国外学者不同的是，我国的学者仍将民间金融排斥于主流金融范畴之外，不属于包容性金融的研究对象，也就是说民间金融不属于金融研究的对象。本书的研究中也将采用这一定义。

综合国内外的文献，本书认为农村包容性金融指农村地区的个体、群体、企业、组织等接触并融入金融系统的过程和状态，确保经济体中的所有成员能够容易获取、有效利用和使用农村正规金融部门提供的服务。从微观方面来说，其包含了农村借贷双方能以自身所能承受的价格从金融机构获取其所需求的相关产品与服务，从而有效地缓解资金流动性不足，实现价值增值；从宏观方面来说，其涵盖了包括一个国家或地区间的经济增长、金融的广化与深化、社会和谐发展三者的协调性发展，以及协调区域内与区域间的金融发展，从而实现区域金融的包容性增长（田霖，2011）。包容性金融是包容性增长的关键维度，关注弱势人群，如低收入、失业者等如何定期稳定地获取金融服务，以促进增长。通过发展包容性金融来促进我国农村经济的包容性增长，对实现我国各地区农村经济平衡发展更具指导意义（Fernandez（费尔南德斯），2006）。

1.2.3　金融包容与普惠金融的区别

金融包容（Financial Inclusion）也称包容性金融（Inclusive Finance），指通过政策、立法和制度等方面的支持，使所有人尤其是弱势和低收入群体，能够通过便捷有效的途径，从正规金融服务机构获得信贷、储蓄、支付和保险等服务。目前，国内很多专家和学者替代性地使用"普惠金融"这一概念，并理解为"可以让社会成员普遍享受的并且对落后地区和弱势群体给予适当优惠的金融体系"。但是，"普惠制"（Generalized System of Preferences，GSP）一般是国际贸易和关税待遇方面使用的一个术语，指发达国家对发展中国家出口产品给予的普遍的、非歧视的、非互惠的优惠关税，是在最惠国关税基础上进一步减税以至免税的一种特惠关税。因此，在国际上使用"普惠金融"概念，可能会带来一定歧义或理解上的偏差。

金融包容内涵丰富，主要包括六个核心领域：代理银行（Agent Banking）、手机银行（Mobile Phone Banking）、金融供应商多元化（Diversifying Provider）、金融身份认证（Financial Identity Regulations）以及金融消费者保护（Consumer Protection）。国际经验表明，金融包容在消除贫困、提升信贷市场可获得性、促进金融市场竞争与深化等方面作用明显。

1.2.4　包容性农村金融体系

（1）包容性农村金融体系的概念

包容性金融体系这个概念来源于英文"Inclusive Financial System"。当前，人们越来越深刻地认识到享受最基本的金融服务是社会中每一位公民不可剥夺的权利，穷人与富人都能公平地享受到金融服务，倡导包容金融理念，因此，政策制定者的一个重要职责就是建立为穷人服务的包容性金融体系。2005年5月，联合国在推广2005国际小额信贷年时最终明确提出了构建包容金融体系。

小额信贷和微型金融发展的成功经验使学者们认识到，必须将零散的小额信贷产品和机构服务纳入到包容性金融体系研究范畴，且金融体系将中小企业、农户等传统低收入群体纳入服务对象范围，这样整体金融的发展就包括了"微型金融产业"。这就意味着相关的金融服务供给者，包括涉足小额信贷和微型金融领域的商业银行、国有银行等银行及非银行金融机构越来越多，都可以利用各自的优势为传统与新型低收入群体提供产品服务，通过金融服务这个载体使他们分享到经济增长所带来的好处。这样的小额信贷或微型金融服务体系具有多层次、广覆盖、可持续等特点，是小额信贷及微型金融的延伸和发展。

将"微型金融"纳入到"包容金融"还意味着微型金融不再被边缘化，而是成为一个国家金融发展体系的一部分。因此，本书认为包容性农村金融体系的最终目的是建立一个能够惠及所有人包括为最贫困群体提供金融服务的农村金融体系。包容性金融体系主要是整合了以前被排除在外的微型金融机构到现有的金融体系中来。金融服务的外延和内涵得到了进一步的扩大，同时也意味着现有的研究更加重视金融服务的广度和深度。

包容性金融体系的建立将极大地消除贫困地区存在的金融排斥，使所有遭受金融排斥的弱势群体或低收入群体都能平等地享受金融服务，这也是包容性金融体系的根本宗旨。著名的国际组织 AFI（Alliance of Financial Inclusion）采纳了包容性金融体系的理念，指出包容性金融有助于遭受金融排斥的人群获取金融服务，而且包容性金融的发展对提升经济、社会凝聚力及加强金融稳定都有好处。同时，这一理论体系被广为接受并得到大面积的实践。

（2）包容性农村金融体系的研究框架

CGAP（2006）将包容性金融体系分为客户、微观层次、中观层次和宏观层次。如图 1-1 所示。

借鉴以上的框架，本书提出了我国农村包容性金融体系发展框架：

客户层面：各类金融产品与服务，比如储蓄、长短期信贷、租赁、保理、抵押、保险、养老金支付及国际汇兑等产品的价格都应该在农户或农村企业的合理承受范围内。

微观层面：主要是金融服务的提供者。多样化的金融服务

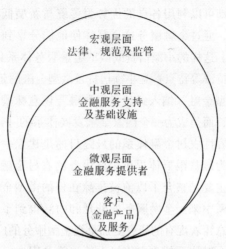

図内文字：
宏观层面
法律、规范及监管

中观层面
金融服务支持
及基础设施

微观层面
金融服务提供者

客户
金融产品
及服务

图1-1　包容性农村金融体系框架图

提供者（包括一系列私营、非营利性及公共服务机构的组合），并在任何可行的情况下，为农户提供价格合理且多样的金融服务。

中观层面：建立健全农村金融服务体系并制定与实施相关制度，包括从内部控制、行业标准、市场规范、防范风险等方面着手实行。

宏观层面：实现农村金融机构的可持续发展，以保证能够在长期内持续性地提供农村金融服务。

要实现这一目标，为贫困人口和低收入家庭提供金融服务应该是农村金融部门和各类农村金融机构的重要组成部分，各类机构要利用比较优势为目标客户提供服务，并将此视为正在萌芽的巨大商机。包容性农村金融应当包含在每一个农村金融部门的发展战略中。首先，所有的经济主体能够享有公平的被对待的权利。其次，促进金融知识水平的提高，有助于他们增强用合理的方式获得所需金融服务的能力。再次，通过技术创新和金融创新，能够提供新型的农村金融服务，而且还能进一步突破金融服务覆盖更穷困人口的障碍。因此，在保证金融体系的稳定性和所有的农村金融机构都能够公正性地享有基本规则的大前提下，监管当局应该激励农村金融机构积极创新，从而能更好地提供金融服务。最后，政府要设立激励机制鼓励广大农村金融机构进入这个扶贫融资市场，这为贫困人口获得可持续的金融服务开辟途径。此外，政府还应该为农村金融机构提供一系列法律环境，允许不同规模和类型的机构以不同的方式为贫困人口提供服务，并使各式各样的金融机构（私营的、非营利性的或公共的）可以在竞争的经济环境中很好地生存。

1.3　研究内容与思路

1.3.1　研究内容

（1）我国农村金融排斥的现状分析

描述分析了我国农村金融排斥的现状，包括 2009 年我国农村金融机构网点数及贷款情况、我国不同地区农村金融机构网点数、获取贷款的农户和中小企业比例、我国干预农村金融排斥的政策环境及我国农村金融基础设施及相关服务。然后定量分析了我国农村金融排斥的空间差异及收敛性。根据 Beck（2007）提出的银行机构数量/地区人数（万人）、银行机构数量/区域面积（10 平方公里）、人均金融机构储蓄存款余额/人均 GDP、人均金融机构贷款余额/人均 GDP、享受服务的人数比，采用 Chakravarty（查克瓦拉蒂，2010）开发的 IFI 指数计算出包容性金融发展程度，从而计算出我国农村金融排斥度。然后采用 σ 收敛、β 收敛和"俱乐部收敛" 3 种分析方法对我国农村金融排斥收敛性进行分析。

（2）我国农村金融排斥的诱因

通过梳理文献，从理论上总结了需求引致、供给诱导及社会环境三方面对金融排斥的影响。通过使用来自我国县域的数据，本书运用 Logit 模型，实证分析了社会经济特征、信息技术及银行不良资产的比例、是否居住在少数民族地区、地理位置特征等对农村金融排斥的影响。

（3）我国农村金融排斥的后果

通过梳理文献，从理论上总结了金融排斥对生产率和收入分配的作用机理，并指出了目前实证研究的不足，然后本书使用来自我国县域农村的面板数据实证分析了农村金融排斥对农村生产率、城乡收入差距和农户收入的影响。

（4）我国农村金融排斥的干预路径选择

通过对我国农村金融排斥诱因的分析，本书提出了发展村镇银行和电子化金融服务来应对我国农村金融排斥。村镇银行的发展主要介绍了目前村镇银行在应对我国农村金融排斥中的积极作用，我国村镇银行发展存在的问题以及影响我国村镇银行网点选址的因素。电子化金融服务发展主要介绍了信息通信技术通过金融包容促进农村经济增长的作用机理、国外乡村电子化金融的实践和启示、农村地区发展电子化金融服务的优势、我国发展电子化金融服务的可行性及电子化金融服务在我国农村的应用。

1.3.2 研究的技术路线图（见图1-2）

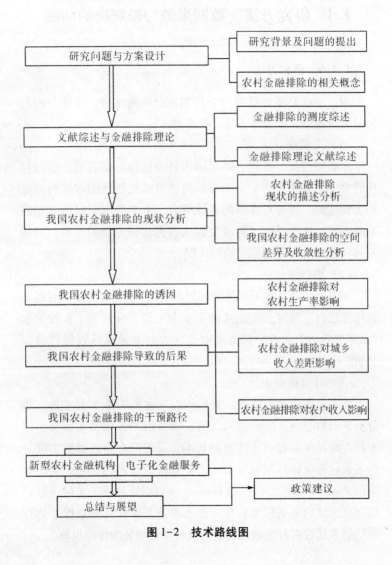

图 1-2 技术路线图

1.4 研究方法、数据来源与拟解决的问题

1.4.1 研究方法

本书的研究坚持规范分析与实证分析相结合，定性分析与定量分析相结合的分析方法，具体如下：

（1）文献研究法

本研究搜集、鉴别、整理国内外金融排斥的现状、金融排斥的测度指标和方法、金融排斥的诱因及其导致的后果的理论和实证文献。通过对文献的系统研究，本书指出了目前文献研究的不足，从而保证了对研究现状做到比较充分的了解，对研究的问题、主体有更加明确的认识。

（2）数理统计法

本书第三章借鉴了国外学者提出的 IFI 指数对我国的农村金融排斥进行了测度，在此基础上本书采用了 σ 收敛、β 收敛和"俱乐部收敛"3 种分析方法对我国农村金融排斥收敛性进行分析。

（3）计量模型法

本书第四章采用转换后的 Logistic（逻辑斯蒂）模型进一步分析了农村金融排斥的诱因。第五章采用 SFA 模型实证分析了农村金融排斥对农村生产率的影响，采用静态面板数据实证分析了农村金融排斥对城乡收入差距和农户收入的影响。第七章采用 Probit（普若比特）和 Logistic 模型实证分析了农村金融机构网点选址的影响因素；采用静态和动态面板数据分析了信息通信技术通过农村金融包容促进农村经济增长的作用机理。

（4）比较分析法

比较分析法是进行研究的一个重要方法。本书在如下几个方面进行了对比分析：国内外研究现状的对比（第二章），国外几种主要的电子化金融服务经验的对比（第六章）。

1.4.2 数据来源及说明

（1）研究样本和对象的选取

现有的文献对农村金融的定义是在我国县及县以下地区提供存款、贷款、汇兑、保险、期货、证券等各种金融服务，包括正规金融和非正规金融即民间金融（人行农村金融服务研究小组，2008；余新平，等，2010）。限于农村金融服务主要由正规金融提供以及本书研究目的，文中农村金融机构专指农村正规金融机构，包括银行类和非银行类金融机构。

根据农村金融排斥的定义，本书中的研究对象限定于存款、储蓄和保险，但是考虑到保险类数据无法获取，本书的研究对象专指农村正规金融机构（五家商业银行、政策性银行、股份制商业银行、城市商业银行及城市信用社、各级农村信用社、农村合作银行、农村商业银行、邮政储蓄机构和新型农村机构村镇银行；贷款公司、农村资金互助社），包括银行和银行类金融机构提供的储蓄和贷款服务。同时，限于数据的可获得性，本书将县域地区定义为农村，其中县的选择来源于《我国县（市）社会统计年鉴》统计的 2069 个县（市）。

（2）数据来源

本研究选取 2006—2009 年我国 2069 个县（市）为研究对象，考察 4 年间我国县域农村金融排斥问题。农村金融排斥中各个指标数据来源于我国银监会官方网站中农村金融图集公布的 2006—2009 年全国各个县市的银行类和经济类统计数据（ht-tp：//bankmap. cbrc. gov. cn），其他变量的数据来源于 2007—

2010 年《我国县（市）社会经济统计年鉴》中县（市）社会经济主要指标部分、国研网区域经济数据库中县级经济指标数据。

1.4.3　拟解决的关键问题

（1）农村金融排斥的测度。目前的文献采用了不同的指标和测度方法来测算我国金融排斥，那么如何更加科学合理地测算我国农村金融排斥？

（2）什么原因导致了农村金融排斥？由于数据的缺乏或使用的小样本数据，现有文献对金融排斥研究的结论不全面，本书使用来自我国县域大样本数据，对农村金融排斥的诱因进行了比较全面的实证分析。

（3）农村金融排斥会导致什么后果？农村金融排斥对农村生产率、城乡收入差距和农户收入影响如何，目前尚没有文献进行实证分析。

（4）农村金融排斥的干预路径。本书通过分析得出农村金融机构网点的缺失和农村信息技术的落后是导致我国农村金融排斥的重要因素，因此本书提出了发展村镇银行和电子化金融服务。那么，什么因素影响了村镇银行网点选址？信息通信技术在农村金融领域的应用是否通过农村金融包容促进了农村经济增长？如何在我国农村地区发展电子化金融服务？

1.5　可能的创新点与进一步研究工作

1.5.1　可能的创新点

（1）我国农村金融排斥的诱因及后果。数据的缺乏是农村金融排斥研究面临的首要问题，本书比较系统的整理了2006—

2009 年我国 2069 个县（市）的金融和经济统计数据。本书的实证分析为金融排斥的诱因及金融排斥对生产率、城乡收入差距和个人收入的影响提供了来自我国县域农村层面的证据，而且这避免了以往文献使用小样本数据而影响结果的准确性。本书研究的结论将更好地指导我国农村包容性金融体系的建立。

（2）我国农村金融排斥的干预。我国金融机构网点的布局带有很强的行政色彩，因此，已有的研究文献不能完全反映社会经济因素等对我国金融机构网点布局的影响。我国大规模的村镇银行的建立为本书的研究提供了天然的试验数据，本书首次比较全面地实证分析了我国村镇银行网点选址的影响因素。这不仅可以检验金融机构网点选址理论，而且可以为推动我国村镇银行发展提供科学合理的政策建议。

1.5.2 有待进一步完善之处

由于笔者水平有限，本研究还存在许多不足之处，有待在今后的研究中进一步完善，主要包括：

（1）农村金融排斥的测度指标有待进一步完善，比如农村保险和汇款服务是金融排斥中的一个重要方面，但是限于数据的不可获得性，没有考虑在测度模型中。此外，IFE（金融排斥指数）有待进一步完善和改进。

（2）由于数据的不可获得性，目前本书仅仅获得了 2006—2009 年的金融和经济统计数据，样本时期过短对本书的研究结论有一定影响。数据的不可获得性也导致本书没有实证分析农村金融排斥对农村贫困的影响。目前，国内外金融排斥研究者面临的共同难题是数据获取的困难，正如世界银行首席经济学家 Beck 所说的，继续搜集数据从而实证分析金融排斥的诱因及金融排斥导致的后果是未来学者继续努力的方向。

（3）对农村金融排斥导致的后果分析，限于本人的能力，本书未能从理论上揭示金融排斥是如何具体作用于生产率、收入分配和贫困的。本书将会继续关注国外最新的金融排斥理论研究，同时以后会加强理论分析工具的学习，希望在未来对金融排斥的理论研究有所突破。

2 文献综述与金融排斥理论

2.1 金融排斥测度的研究综述

2.1.1 指标的选取

关于金融排斥的文献已经充分地指出了金融排斥是一个复杂的现象，有多个维度。因此，各国学者一直在探索用更科学的指数来量化金融排斥。总体看来，目前文献对于金融排斥的量化研究非常有限。学者采用了不同的评价指标对金融排斥进行测度。Beck（2007）提出了测度包容性金融的八个指标，分别是每万人金融机构网点数、每百平方公里金融网点数、每万人 ATM 数、每百平方公里 ATM 数、人均储蓄/人均 GDP、人均贷款/人均 GDP、每千人储蓄账户数、每千人贷款账户数。

国内学者也在不断探讨如何测度金融排斥度，如许圣道（2008）以各省农村金融机构网点数、股份制商业银行机构数、农村信用社数量来表示我国农村地区金融排斥度。文献中大量被学者用于测量金融排斥的指标主要是使用银行账户的人数，通常用每千人所拥有的银行账户数来表示。Honohan（2007）使用银行贷款账户数和存款账户数作为获取金融服务的指标，这样能允许他们去估计一个国家使用银行账户数的人口比例。其发现欧洲大陆多于90%的人口获取金融服务，而撒哈拉沙漠以南的非洲，少于20%的人口拥有储蓄账户。李猛（2008）认为，和 Beck（2007）所用的每千人拥有的银行储蓄账户的数量这个指标相比较，银行贷款账户数这个指标更合适，因为通常一个成人可以拥有若干个账户，富人拥有更多的账户，穷人拥有较少的账户，每千人拥有的银行账户的数量并不能真正反映出一个国家的公民使用金融服务的程度。李涛（2011）从微观层面用居民是否拥有储蓄、贷款、保险来表示居民是否遭受金融排斥。以上文献的不足是仅仅用网点数或银行账户数来表示金融排斥，导致无法准确地测量我国当前的金融排斥。

田霖（2011）使用来自银行体系的4个评价指标——金融网点、存款规模、贷款规模、资金利用效率测度了金融排斥，指标选取主要是考虑到数据的可获得性；高沛星（2011）从金融排斥的五个维度（地理排除、价格排除、评估排除、条件排除、营销排除）找出了表示金融排斥的指标，这五种表现形式对应着金融排斥的五种成因，但它们是概括性的且相互交叉的（李涛，2010）。

在此基础上，其后的学者如徐少君（2008）、Sarma（萨尔玛，2010）结合金融排斥概念，认为金融排斥包含多个维度，不能仅仅用一个指标来表示，于是结合 Beck（2007）最早提出的测度包容性金融的八个指标，将其划分为三大维度：地理渗透性、使用效用性、产品接触性。由于获取保险的人数和保险机构的网点数及拥有储蓄账户的人数无法获取，本书选取的指标介绍如下：

（1）地理渗透性。包容金融体系应该能够很方便地提供金融服务给使用者。服务的可利用性用每千人拥有的银行员工数或每千人拥有的 ATM 数，或每千人拥有的银行网点数来表示。本书使用每万人的银行分支机构数和每百平方公里的网点数去测量银行服务的地理渗透性。

（2）使用效用性。在一些银行化程度非常高的国家，大量拥有银行账户的居民却很少使用银行的服务，这些人被定义为"未使用银行服务"或"处于银行服务的边缘"的人。受此启发，Sarma（2010）认为仅仅拥有银行账户对考量一个包容性金融体系还是不够的，银行服务的使用效用性也是至关重要的。在整合使用的指标后，本书考虑了银行体系的两个基本维度——储蓄和贷款，分别用人均储蓄和人均贷款量与人均 GDP 的比例来测量使用效用性。

（3）产品接触性。一个包容金融体系应该有尽可能多的使用者，或者说能广泛渗透到每个使用者。测量银行渗透性的指标，本书用拥有银行账户的人数来表示，具体的指标是每千人拥有储蓄或贷款账户数。由于缺乏银行储蓄账户数，本书用贷款账户数来表示这个维度。具体用每千人中获取银行贷款的农户数来表示。

我国农村金融排斥的测度指标见表 2-1。

表 2-1　　　　农村金融排斥的测度指标

排除的产品	衡量指标	计算方法
地理渗透性		
储蓄和贷款服务	人口维度的银行机构渗透性	银行机构数量/地区人数（每万人）
	地理维度的银行机构渗透性	银行机构数量/面积（每百平方公里）
使用效用性		
储蓄服务	人均储蓄存款量	人均储蓄存款量/人均 GDP
贷款服务	人均贷款量	人均金融机构各项贷款余额/人均 GDP
产品接触性		
贷款服务	享受服务的人数	获取贷款户数/每千人

注：由于本书统计的研究对象是县域层面的居民账户数，本书无法获取县域居民的贷款账户数，城镇单位从业人员有稳定收入，容易获取贷款，可以近似替代，所以，贷款账户数 = 获取贷款的农户数 + 城镇单位从业人数。

2.1.2 评价方法的演变与述评

（1）英格兰东南发展机构（SEEDA）最先开发出了金融排斥测算模型——复合剥夺指数。这个指数的原理是利用传统的线性回归模型，选取复合剥夺指数作为计量模型的因变量，通过逐步回归来筛选与金融排斥相关的变量。由于复合指数同金融排斥度高度正相关，于是该机构通过搜集大量微观调查数据和二手数据，计算出相应的金融排斥度，从而揭示了英格兰东南部区域的金融排斥现状。然而，我国的政府决策部门和相关研究机构未能统计金融排斥的相关数据，因而影响了该量化方法的推广和使用。

（2）国内学者如徐少君（2008）、田霖（2011）使用了全局主成分分析法来测算我国的金融排斥，这种方法适用于多目标评价系统指标差异分析。全局主成分分析法能克服主成分分析存在的不同数据表属于完全不同的主超平面，从而无法保证系统分析的统一性、整体性和可比性问题。但是两种方法的基本原理都是一样的——在尽可能减少数据信息丢失这个原则下，采用线性变换的方法来舍弃一小部分信息，以较少的综合变量取代原来的多维变量，最终找出对系统最主要的影响因素。

（3）高沛星（2011）采用了变异系数法。变异系数法的基本原理是在利用多个指标进行综合评价时，如果某项指标在所有被评价对象上观测值的变异程度较大，说明该指标能够明确区分各评价对象在该方面的能力，则该指标就应赋予较大的权重，反之权重较小。高沛星首先从金融排斥的五个维度选取指标，然后选择客观赋权法当中的变异系数法对各个指标赋予权重，以反映各自在农村金融排斥中的重要性，从而计算综合的金融排斥指数。

（4）IFI（包容性金融指数）。学者们一直在探索如何更好地赋予金融排斥各个指标的权重，Sarma（2010）提出了一个多维度的 IFI 指数，这个指数吸收了金融排斥三个维度的信息，即地理渗透性、使用效用性和产品接触性各个方面的信息，计算的结果介于 0 到 1，高的值表明了高的金融排斥。相对 Beck（2007）使用单个的指标来说，IFI 因为吸收了多个维度的信息，可以用一个单一的数值表示出来，因此，这个指数提供了一个测量金融排斥的方法。该方法的具体介绍如下：

IFI 指数和 HDI、HPI、GDI 等计算方法相似。在计算这些指标的时候，首先计算每个维度的金融包容性。维度 d_i 用如下的公式计算：

$$d_i = \frac{A_i - m_i}{M_i - m_i}$$

$A_i = i$ 维度的实际值；$m_i = i$ 维度的最小值；$M_i = i$ 维度的最大值。

对于银行服务的可使用维度，两个分开的指数被首次计算；一个是银行的分支机构，一个是 ATM 指数。对这两个指数的权重，银行分支机构用 2/3，ATM 指数用 1/3 权重。

计算了维度的指数后，Sarma（2010）给出了如下的权重：1 是获取维度的指数（渗透）权重，0.5 是服务可利用的维度权重，0.5 是服务的使用指数权重。在目前的指数中，对金融服务可利用性和服务的使用维度赋予更少的权重是因为一些重要的指标缺乏充足的数据，而这些指标能完全反映这些维度的特征。比如，金融服务的可利用性这个维度，许多国家已经转向了网上服务，因此，减少了银行网点服务的重要性。仅仅使用网点的数据并不能完全描述银行服务可利用性的一个完整的图景。相似地，使用贷款和存款的数据仅仅描述了银行体系服务的部分使用，银行的服务还包括其他方面，比如支付、汇款和转账。因为缺乏这方面的数据，完整地描述这些维度是不可能的。

给出了各个维度的权重后，最终的 IFI 指数计算如下：

$$IFI = 1 - \sqrt{\frac{(1 - p_i)^2 + (0.5 - a_i)^2 + (0.5 - u_i)^2}{1.5}}$$

（0.5< IFI≤1，高的金融包容性；0.3≤IFI<0.5，中等程度的金融包容性；0≤IFI<0.3，低的金融包容性）

银行服务的渗透性、可使用性和使用程度——本书用 p_i、a_i、u_i 来分别表示，i 表示单个省份。由于不能反映金融排斥的各个维度对总的金融排斥的贡献，Chakravarty（2010）对这一指数进行了改进。本书采用这一指数对我国的农村金融排斥进行测度。

2.1.3　金融排斥指数的改进

金融排斥的过程是非常复杂的和多维度的，任何一个单一的指标都不能充分地反应金融排斥的程度。Chakravarty（2010）对这一指数进行了改进，计算方法更为完善、成熟。具体介绍如下：金融包容指数的构建考虑了多方面的信息，比如地理渗透性、使用效用性、产品接触性。IFI 指数吸收了这些维度的信息并用一个单一的指数表示出来，它介于 0 到 1 之间，0 表示完全的金融排斥，1 表示完全的金融包容。IFI 指数和 HDI、HPI、GDI 等计算方法相似。在计算这些指标的时候，首先计算每个维度的指数。维度 d_i 用如下的公式计算：

$$d_i = \frac{A_i - m_i}{M_i - m_i}$$

其中，$A_i = i$ 维度的实际值；$m_i = i$ 维度的最小值；$M_i = i$ 维度的最大值。假定银行体系有 $K ≥ 1$ 维度的活动。每个维度代表一个功能。这些功能可量化为存款账户数/千人，国内的存款/国内生产总值等。X_i 代表功能 i 的值。X_i 的上限和下限分别表示为 M_i 和 m_i，$M_i > m_i$。这表明（M_i，m_i）并不是一单独集合。假

定 M_i 和 m_i 可以获得，于是有 $x_i \in [m_i, M_i]$。样本的最大和最小值分别是 M_i，m_i。功能 i 的指标值用函数 A 来表示，A 的值是 $A(x_i, m_i, M_i)$，$x_i \in [m_i, M_i]$。假定 A 是连续的，连续性确保了 x_i，m_i，M_i 中产生的误差对 A 产生最小的影响。A 给定为：

$$A^r(x_i, m_i, M_i) = \left(\frac{x_i - m_i}{M_i - m_i}\right)^r, \ 0 < r < 1 \text{ 是一个常数。}$$

r 可被解释为包容度敏感常数，在给定的 x_i，m_i，M_i 下，单个维度 $A_r(x_i, m_i, M_i)$ 满足如下特征：

（1）最小值和最大值分别为 0 和 1。

$$A(x_i, m_i, M_i) = \begin{cases} 1, & \text{假如 } x_i = M_i \\ 0, & \text{假如 } x_i = m_i \end{cases}$$

（2）单调性。在给定的 m_1，M_1，对于任何 $\sigma > 0$，并且 $x_i + \sigma \in [m_i, M_i]$，$A(x_i + \sigma, m_i, M_i) - A(x_i, m_i, M_i) > 0$。

（3）同质性。对任何 $c > 0$，$A(x_i, m_i, M_i) = A(cx_i, cm_i, cM_i)$。

（4）金融排斥的差是递减函数。对于任何给定的 $x_i \in [m_i, M_i]$，$\sigma > 0$，$x_i + \sigma \in [m_i, M_i]$，$A(x_i + \sigma, m_i, M_i) - A(x_i, m_i, M_i)$ 是递减函数。

对于加总后的包容性金融指数，可得：

$$\text{IFI} = I^r(A^r(x_1, m_1, M_1), \cdots, A^r(x_k, m_k, M_k))$$

$$= \frac{1}{k}\sum_{i=1}^{k}\left(\frac{x_i - m_i}{M_i - m_i}\right)^r$$

其中，$r = 0.25$，0.5 或 1；IFI 是一个递减函数，且满足如下特性：

（1）假如 $i \in (1, 2, \cdots, k)$，$0 \leq I^r(A^r(x_1, m_1, M_1) \cdots, A^r(x_k, m_k, M_k)) \leq 1$，当 $x_i = m_i$ 和 $x_i = M_i$，对应的最小值和最大值分别为 0 和 1。

（2）单调性。假如 $(x_1, \cdots, x_k)$ 和 $(y_1, \cdots, y_k)$ 是两个

功能的维度，并且满足 $x_i > y_i$，对于任何维度的 i，x_i，$y_i \in [m_i, M_i]$，$1 < i < k$，则 $I^r (A^r (x_1, m_1, M_1), \cdots, A^r (x_k, m_k, M_k)) > I^r (A^r (y_1, m_1, M_1), \cdots, A^r (y_k, m_k, M_k))$

（3）同质性。对任何 $c > 0$，$1 < i < k$，$I^r (A^r (x_1, m_1, M_1), \cdots, A^r (x_k, m_k, M_k)) = I^r (A^r (c_1 x_1, c_1 m_1, c_1 M_1), \cdots, A^r (c_k x_k, c_k m_k, c_k M_k))$。

（4）金融排斥度的差是递减函数。对于任何给定的 $x_i \in [m_i, M_i]$，$\sigma > 0$，$x_i + \sigma \in [m_i, M_i]$，$I^r (A (x_1 + \sigma_1, m_1, M_1), \cdots, A (x_k + \sigma_k, m_k, M_k)) - I^r (A (x_1, m_1, M_1), \cdots, A (x_k, m_k, M_k))$ 是递减函数。

（5）对称性。$I^r (A^r (x_1, m_1, M_1), \cdots, A^r (x_k, m_k, M_k) p) = I^r (A^r (x_1, m_1, M_1), ., A^r (x_k, m_k, M_k))$，$P$ 表示 $K * K$ 的向量

$A^r (x_i, m_i, M_i) 100 / (k I_r)$ 可被认为是维度 i 对总的包容性金融的贡献，从而可确认不同的维度对总的包容性金融的贡献率。

与包容性金融发展指数相对应，金融排斥指数用如下公式表达：

$$\text{IFE（Index of Financial Exclusion）} = 1 - \frac{1}{k} \sum_{i=1}^{k} \left(\frac{x_i - m_i}{M_i - m_i} \right)^r;$$

对于金融包容指数敏感常数 r，可以取值为 0.25、0.5 和 1，随着指数 r 的取值增加，IFI 是减少的，对应的 IFE 是增加的。考虑到我国是发展中国家，因此，本书取 r 为 0.5。

2.2　金融排斥理论文献综述

金融能帮助个人平滑他们的收入、防范风险和扩大投资机

会，而且发展良好的金融体系能减少贫穷和收入不平等。金融发展包括两个维度：金融深度和金融宽度。以往对金融发展的研究主要是从金融深度这个角度展开的，最新的金融发展理论表明，金融宽度也同样影响个人和整个社会的福利。

大量文献研究已经证明了金融深度影响经济发展的运行机理，但是，包容性金融发展和经济增长间的作用机理还没有被揭示；金融深度通过什么合理渠道来影响经济增长也往往与接触的金融服务有关联（Dela Tone and Sehmukler，2006）。Schumpeterian（1912）认为金融通过将资源分配给更有效率的新手来进行"创造性地破坏"，从而促进了经济增长。金融服务的接触被视为公共物品，就像人们生活必需的安全水、基本医疗服务和义务教育一样（Peachey and Roe，2004），它使得参与者能够享受到市场经济的好处。包容性金融的发展避免了以往使用财政资金去减少收入不平等和促进经济增长所带来的负面激励影响。

Beck 和 Honohan（2006）首次提出了金融宽度的重要性，大量研究也表明了发展良好的金融系统对经济发展至关重要（Beck，2000；Beck，2004；Honohan，2004）。包容性金融能够有效促进整个金融体系的发展，一个高效、运行良好的金融体系能将有限的资源和相应的风险配置到那些最具生产效率和风险承担能力的使用者手中，从而促进经济增长的持续、收入分配的改善、贫困问题的解决、社会福利的增进（Demirgüç-Kunt and Levine，2009）。包容性金融体系能确保经济体中的所有成员能够容易获取、有效利用和使用正规金融部门提供的金融服务，获取合适的金融服务能促进日常金融管理。包容性金融体系有助于减少那些具有剥削性质的非正规信贷资源的增长（Sarma，2010）。因此，包容性金融体系通过提供安全、可靠的储蓄、贷款和汇款等金融服务来有效地提高整个社会的效率。

2.2.1 金融排斥的诱因

对金融排斥影响因素的分析，目前已有的理论主要从需求引致、供给诱导及社会环境影响三方面把握其诱因。

（1）需求引致类的金融排斥是由于金融需求主体的某项特征，如收入、年龄、教育程度、种族、住房拥有状况、不悦的金融借贷经历、心理因素等所引发的排除。更高的收入水平意味着居民有更多的资源和更强的能力来获得金融产品和服务，因而这些居民构成了金融机构的首选客户（Devlin（代弗林），2005）。年龄对金融排斥状况的影响可能反映了财富、收入、认知能力等因素的作用（Ameriks and Zeldes（阿默里克斯和扎尔迪斯），2004）。受教育程度的提高会使居民更容易理解并以更低成本来消费金融机构的产品和服务（Guiso et al.（吉索，等），2008）。受教育程度也可能间接通过学习和认知能力来影响金融排斥状况。少数族裔居民可能会受到更多歧视，因而很大可能是金融排斥对象（Devlin，2005）。居民的主观心态、态度和信念以及社会结构会影响其金融排斥状况，包括信任度、乐观度、风险态度、社会互动程度等（李涛，2010）。人口构成的变化，如单亲家庭、老龄人口和过早独立生活的年轻群体比例的上升均直接引发金融排斥的增加（Kempson，2000）。学者关于信息技术对金融排斥的影响存在两种观点。一是认为信息技术普及之后，个人更加容易获取金融信息和金融服务，从而减轻了金融排斥现象的发生；二是认为由于本地金融基础设施的缺乏，居民更愿意到位于相对较远的金融服务机构获取金融服务，从而不会或很少选择使用电话和网络来获取金融服务，居民首选的仍是面对面交流的本地金融服务。信息获取能力的不对称导致客户群的明显分化，这将会进一步加剧贫困群体的金融排斥，从而使被排除的群体陷入恶性循环。

（2）供给诱导则涉及影响金融机构资金供给的若干条件与因素，如金融基础设施、地理便利性、市场营销策略、价格水平、产品多样性等。以上因素对应着 Kempson 和 Whyley（1999）提出的地理排除、价格排除、和营销排除三个维度。金融基础设施的缺乏及地理上的不便利性会导致居民由于无法就近获取金融服务，不得不依赖公共交通系统到达相距较远的金融中介，从而产生地理排除。价格排除的发生是由于金融产品的价格过高，导致部分经济主体没有能力偿付；主流金融机构的目标营销策略及产品多样性的缺乏往往会将某类人群有效排除，导致了营销排除的发生。此外，银行部门的结构和健康程度也会对金融包容产生影响。银行部门健康和金融包容负相关，因为银行的资本资产比例越高，在借贷上越谨慎，因此和包容性金融发展负相关。银行高的不良贷款比例很有可能是银行提供贷款给低收入的很容易违约的农户所导致的，或是为了遵从政府的指定性贷款。假如借款是给了广大的农户，随后导致的高的不良贷款比例会促进包容性金融的发展，而将贷款用于其他用途导致的不良贷款则对包容性金融发展没影响（Sarma，2010）。外资银行比例越高，包容性金融发展程度越低。以往认为外资银行的进入将会增加信贷的供给和通过提升竞争力来促进整个银行业的效率，但是信息的不透明，外资银行不愿意借款给小商业者，导致了较低的金融包容性，这和 Berger et al.（伯格，等，2001）外资银行的障碍假说相一致。金融排斥度也会因为金融市场的重组而上升。如20世纪八九十年代英国金融业的重组就直接或间接导致了金融排斥。此外，金融产品的设计也要考虑到遭受金融排斥的客户的需要。金融企业设计的金融产品（比如银行账户、储蓄产品和养老金等）必须简便、透明和灵活。如果因为产品的繁琐导致其不易被理解和接受，人们就会产生怀疑心理，从而拒绝使用金融产品。Mayo（梅奥，1997）

认为，金融系统不能提供给穷人最适合的金融产品和金融服务，造成需求和产品的错配，反而加重其金融负担。

（3）金融排斥的社会诱发要素则包括如下方面：人口统计的变化、收入差距及劳动力的结构变动、社会支持、市场化程度等，这些社会要素会对某类社会群体的金融排斥水平产生影响（Hersi（哈尔西），2009）。此外，当地法律对投资者债权人利益保护程度、执法效率水平、社会资本环境等的提高，能显著降低金融排斥程度（徐少君，2008）。收入水平和分配状况也将影响金融排斥。收入的不平等将造成低收入人群长期被主流金融机构所排除（Kempson，2000）。劳动力市场的变化，比如工资差距的拉大、弹性劳动力市场的发展、非全职工作及自雇佣比例的增长，均会引发自我排除人群的增加，从而容易遭受营销排除，即金融产品供给者将其排除在目标客户之外（Kempson，2000）。

在经验研究方面，Beck（2008）调查了 62 个国家最大的银行，并且证实了大量的价格和非价格方面的因素导致的储蓄、贷款、支付服务的障碍。比如，在喀麦隆，最小的存款账户要求的额度是多余 700 美元，高于人均 GDP。在南非和斯威士兰，没有最小额度的要求。在塞拉利昂，每年的年费超过人均 GDP 的 25%。在菲律宾，没有年费。在孟加拉国、巴基斯坦和菲律宾，需要花费多于一个月的时间去处理小额贷款。在丹麦仅仅需要等待一天的时间。这些类型的障碍和银行的渗透和延伸是负相关的。

Beck（2007）进一步运用 62 个国家 209 个银行的信息，对造成金融排斥的因素进行了全面的分析。研究发现：最小账户数、贷款余额数、账户费用、要求的证件数与银行渗透性呈负相关性，并排除了一部分人使用银行服务；同时，诸如信贷信息度的有效性、信贷者的权利、合约执行性等金融发展深度指标与障碍间高度相关。此外，基础设施建设发展、媒体自由的程度等非金融因素也与障碍有显著关系；同时，更具有竞争性的银行系统、基于市场的监管政策往往伴随着较低的障碍；而政府性银行往往对信贷服务有较高的障碍性；外资银行对于储蓄服务有较低的障碍。

Osili 和 Paulson（2008）使用美国移民数据证实文化导致的金融排斥。对移民的调查数据检验了决定金融市场参与的影响因素，考虑到了个人层面的因素（比如财富和教育）和自己国家机构环境方面的因素，发现来自国外的移民，如果他们国家的机构更加有效地保护私人产权和提供投资的动力，则其更有可能去拥有储蓄账户和更广泛地参与金融市场。这些结果表明了机构改革对扩大金融服务获取是很重要的一个工具。

对我国金融排斥诱因的实证分析，田霖和徐少君做了开创性的贡献。目前国内文献并没有对金融排斥的诱因进行系统的梳理，导致研究结论不全面，而且由于数据缺乏，大多使用单个年份31个省的数据（许圣道，2008；田霖，2011；高沛星，2011），而小样本数据会影响到结果的精确性。数据的缺乏是国内外学者面临的共同难题，本书使用来自县域大样本数据，比较全面地实证了我国农村金融排斥的诱因，从而丰富了我国金融排斥诱因的研究。

2.2.2 金融排斥导致的后果

金融排斥的提高将导致严重的后果，比如会加剧不同人群、不同地区间经济发展不平的上升。英国金融服务机构（FSA，2000）也指出，金融排斥将会导致严重的社会经济等方面的后果，其对当地经济和社会结构等方面的影响成为了学者和政策制定者所关注的重要问题。金融排斥导致的后果可形象地用"金融沙漠"来概述，Leyshon 和 Thrifts（1995）指出，这些缺乏金融服务的"沙漠"地区，产生了许多社会问题，如贫困、收入分配不平等和经济落后等。同时，由于金融机构在无法全面获取部分地区信息的情况下会导致其更高程度的风险规避，从而加剧了这种恶性循环（Thrift and Leyshon，1997）。因此，随着各地区不同程度的金融排斥，由此带来的社会问题也越来越凸显（Gardener et al.（加德纳，等），2004）。

金融排斥对生产率、收入分配和贫困影响具体如何？大量的理论和经验性研究的文献表明了有效的金融体系对长期经济发展的重要性（Levine，2005）。因为市场中存在信息不对称和交易成本，而金融市场和机构的出现能够减轻市场的摩擦。金融深化程度高的国家经济增长也比较快，并且在减少收入不平等和贫穷人口数方面也比较快（Beck，2007）。然而，大部分文献主要关注于金融深度，主要是用总的存款或贷款比 GDP 来测量，直到近来，学者们才把注意力转向金融排斥。

（1）金融排斥与生产率

金融具有一种在储蓄与投资之间进行融通的功能，即将风险控制在一定的程度上的有效分配资源，并督促资金使用者合理地规划与实施项目，从而提高资本的使用效率。金融发展从以下几个方面作用于生产率：①金融系统通过积累储蓄促进生产率增长。金融体系通过高效的储蓄动员功能向更多的创新型企业提供融资支持，这不仅减少与不同经济体的交易成本，减少储蓄者的信息成本，而且使用金融中介会提高资源的配置效率，有助于技术创新，从而能够提高企业的生产效率。②金融体系通过资源的优化配置功能促进生产率的增长。金融系统通过信息显示功能来引导投资，使资本的配置效率更高。在自我融资这个渠道受到限制的时候，有才能或高效率的企业家会因为金融体系的不发达而不能进入市场（Buera and Shin（布尔和申），2010），金融中介发展会使借款人进行创新，带来科技进步。金融中介能以相对低廉的成本甄别并筛选出有价值的信息，能够促进资金追逐更高的回报率（Greenwood（格林伍德），1990）。金融中介降低了流动性风险（Bencivenga and Smith（本奇文加和斯密斯），1991）。③金融市场通过风险分散功能促进技术进步（Levine，1991；Saint Paul，1992）。金融市场能够分散企业在进行技术创新投资时面临的跨期风险，从而使企业能够在更长的时期得以分担可能的冲击，减少了研发过程中的不确定性，使企业技术创新的成功率得以提高（Levine，1991）。④金融市场通过交易促进功能促进了技术进步（Bencivenga et al.（本西文加，等），1995；Greenwood and Smith，1997）。经济活动的主体在有效的金融市场中可以有效地缓解流动性约束造成的需求不足；进而促进高回报、高效率的长期投资项目增加，有效地促进了生产率的提高（Bencivenga et al.，1995）。有效的金融市场通过建立各种交易制度，降低了交易成本，从而使企业更为频繁的横向或纵向交易成为可能，促进了对专业化技术和生产的需要（Greenwood and Smith，1997）。⑤金融系统通过对企业进行监督，加强公司治理来推动技术进步（Acemoglu et al.（阿西莫格鲁，等），2006）。金融机构评估资金使用者利用资金进行创新活动所带来的风险并以此为依据提供相对合理的价格来规范资金使用者的活动；金融体系发展能降低代理成本和信息成本，使企业家能够获得更加优惠的贷款条件，进一步推动企业家创新活动的展开（King and Levine，1993）。技术创新在一定程度上促进了金融活动的创新，而后者为前者提供了更可靠的资金保障（Michalopoulos et al.（米哈洛普罗斯，等），2009）。

国内外关于金融发展对生产率影响的研究成果颇为丰富，但都是从金融深度的角度展开的研究，比如 Méon et al.（梅翁，等，2009）通过对 47 个国家的研究发现，金融中介的发展对于生产效率的提高有正向的作用，而且经济发展水平越低，金融中介的生产率效应越不明显。国内学者由于对金融发展的衡量指标不同及检验方法存在不同，导致结果存在差异，如张军（2005）在增长核算方法的基础上，使用省级面板数据对我国金融深化与全要素生产率之间进行了检验，发现我国金融深化与生产率之间呈正向关系。袁云峰（2007）使用随机生产前沿函数对我国金融发展和经济增长效率之间进行了分析，发现金融发展通过资本积累显著地促进了我国经济增长，但是对生产效率的提升并没有发挥作用。赵勇（2010）分析我国金融发展对经济增长影响的结果表明，由投资推动经济增长的方式转向生产率推动经济增长中存在着门槛效应，而金融发展水平的提高将首先降低这个门槛，从而推动经济增长方式的转变。由于数据获取的困难，目前国内尚未有文献实证分析农村金融排斥的生产率效应。

（2）金融排斥对收入分配的影响

金融排斥的反面是包容性金融，包容性金融与个人收入间存在密切的关系，收入是影响包容性金融的一个重要指标。促进包容性金融的发展和经济发展的目标相一致。包容性金融的发展目标是使所有的人都能获取金融服务，因此促进了机会的公平和激发了经济体的潜能。确保基本的金融服务如贷款、储蓄、汇款、保险和其他风险管理工具的质量和可接触性，能够促进经济可持续的增长（Beck，2007）。包容性金融会给个人带来诸多的影响，例如工资发放的便利性、保险对其进行基本的风险抵御、资金存放的安全性，尤其是能及时得到生产、生活等所需要的资金，避免其陷入贫困中，个人收入的提高又会促进包容性金融的发展，形成良性循环。因此，包容性金融发展对收入会产生重要的影响。

金融排斥会从直接机制和间接机制影响收入分配。金融排斥影响收入分配的直接机制表现为如下的三个途径：①金融发展的门槛效应。所谓门槛效应是指享受金融服务是有门槛（需要支付一定成本）的，在金融抑制的条件下，收入低的穷人由于没有能力支付这一成本而得不到金融服务，而收入高的富人能够支付起成本享受金融服务，从而提高这部分人的收益。因此，金融发展扩大了社会收入差距。②金融发展的降低贫困效应。金融发展促进经济增长，在经济增长过程中，增加了个人可以获取和使用的金融服务，尤其是穷人因为价格和其他的因素导致以前从来没有使用过这些金融服务。通过发展微型金融，提供小额信贷、储蓄、汇兑和支付、保险等交易服务，使农村低收入者能被纳入到整体经济增长轨道同时也能享受到传统的金融服务，从而扩大整体金融服务的覆盖面，使他们分享到经济增长所带来的福利改善，有助于摆脱贫困。金融发展还能影响个人能否够创业，能否支付教育费用，能否实现个人经济上的抱负。因此，金融发展能有效地缩小富裕和贫穷个人之间的差距和收入差距在代际之间传递的程度，促进总体收入增长。③金融发展的排除效应。金融机构通过采取增加新型金融机构、研发新的金融产品以及扩大服务范围的方式来控制风险、降低运行成本及增加利润，但是同时从部分农村地区撤离了分支机构，并有意识地排除了一部分低收入的农户，这都导致了这些地区处于严重的金融排斥。农村金融排斥的普遍存在又会通过马太效应使农村地区陷入经济与金融的恶性循环，制约农民收入，从而扩大了城乡收入差距（王修华，2011）。

金融发展到一定程度会出现"涓滴效应"。该效应通过先发带动后发，能够缓解收入分配不合理格局。"涓滴效应"表现为通过有效刺激经济增长影响收入分配，分为两个阶段：金融发展通过储蓄动员、资源配置等各项金融功能的发挥刺激经济增长；随着经济持续增长，高收入者的投资使用增加，而这会使利率上升，这样，收入较低的人能以较高的利率把钱贷出去，从而获得较多的利息所得。高收入者的投资最终会把低收入者拉出贫困陷阱，从而减缓贫困，促进收入增长，缩小城乡收入差距。总的来看，金融排斥对收入分配的影响取决于直接和间接机制的共同作用，而且在不同的金融发展阶段，效应的大小是不同的，因此，金融排斥对收入分配的具体影响还需要得到实证结果的支持。

在实证方面，大量的学者从金融深度的角度对金融发展与城乡收入差距的关系（张立军，湛泳，2006；唐礼智，等，2008；Kunt，Levine（孔特和莱文），2009；陈志刚，王皖君，2009；王修华，邱兆祥，2011）及其和个人收入的关系（温涛，2005；王虎，范从来，2006；钱水土，许嘉扬，2011）进行了实证分析，由于数据指标和实证方法的不一致，关于二者关系的检验结果迥异。由于数据的获取比较难，目前鲜有文献对我国农村金融排斥与城乡收入差距和个人收入的关系进行实证分析。王修华（2011）分析了包容性农村金融影响城乡收入差距的作用机理，但也是从金融深度的角度进行的实证研究。余新平（2010）研究了农村储蓄、贷款、保费收入对农民收入的影响；目前学者们研究了和包容性金融相关的话题；Beck 和 Levkov（2007）分析美国 1980—1990 年这一时期金融分支机构的缩减对收入不平等的影响；杨兆廷（2009）以中国农业银行网点撤离这个事件为背景，研究了农村金融机构网点变化和农村经济增长之间的关系。国外学者一直在探索如何更好地测度金融排斥，从而能实证分析其对收入分配的影响。

（3）金融排斥与贫困

理论和实践告诉我们，金融是帮助贫困及低收入人口走上脱贫致富之路的重要工具。金融会通过多个渠道减少贫困，最主要的是通过经济增长来实现的。金融提升了总的收入水平，能实现更多公平的分配机会。金融部门通过向穷人提供储蓄服务，使其积累资金，满足更大规模的融资需求，从而可进行预期投资并达到预期支出水平。同时，有弹性的储蓄工具能帮助储蓄者平滑消费，这对于那些低收入者和收入不稳定人群至关重要。提供给贫困及低收入人群的金融服务（指小额信贷），是扶贫的重要工具（CGAP）；在与贫困作斗争的过程中，金融可以发挥巨大的作用，其经济影响和社会影响都是深远的（美洲开发银行，2008）。对于穷人来说，获得储蓄、借贷、保险等金融服务有利于他们掌控日常收支，一笔小额贷款、一个储蓄账户或者一份保险都能给他们的生活带来巨大改变。因此，金融服务提升了贫困人群抵抗风险的能力。此外，获取信贷使贫困的群体有能力投资于新技术，比如获取机器、工具、原料等或者是教育、健康，这都将有效提高穷人的生产力。同时，穷人对信贷的接触也能降低其风险、低收入资产的比例，让他们有能力投资于高风险、高收入的资产，提高长期的收入。

近年来大量的经验证据表明了金融影响穷人和小公司。Beck（2004）通过跨国研究发现了金融和不平等和贫困变化的关系。Clarke etc.（克拉克，等，2003）也发现收入不平等有更高程度的贫困，因而金融服务能帮助减少贫困。Honohan（2004）研究表明了金融深度解释了贫困的水平（每天收入低于2美元的人口数），其也发现不同国家微型金融的渗入程度对穷人非常有用，但是通过实证发现对贫穷没有什么特别的效果。Morduch 和 Hayley（2002）发现了其他渠道的金融对贫困的影响。比如，微型金融通过减轻信贷约束来减少贫困，因此减少了童工比例并增加了他们的教育，并且防范了各种风险的冲击（Morduch（莫道克），2011）。除了少数例外的情况，一般情况下可以认为获取金融服务对贫困农户产生了直接的强烈的影响，主要通过提升个人的健康和教育，从而使得贫穷的人群能够支付这些服务（Littlefield（利特菲尔德），2003）。Burgess（伯吉斯）和Pande（潘德）（2005）实证发现1977—1990年间印度农村地区银行机构的扩张对农村贫困产生了显著的影响，农村地区设立的银行机构数量每增加1%，农村贫困率降低0.34%。Geda etc.（格达，等，2006）研究了1994—2000年埃塞俄比亚金融和贫困之间的关系，其数据来源主要是城市和农村富有家庭的数据，研究结果表明：人们通过使用金融产品平滑消费，从而导致了贫困率的降低。Caner（卡纳，2004）研究了金融自由化对贫困发挥作用的渠道，并重点分析了信贷和金融宽度如何影响贫困。Honohan（2008）研究了160个国家金融账户的获取比例对贫困的影响，发现两者间呈显著的相关，但是在加入人均收入后，该系数变得不显著了。以上都是从金融排斥的某一方面研究其对贫困的影响的，如何更好地测度金融排斥，从而能实证分析其对贫困的影响成为学者继续探讨的话题。

（4）金融排斥对金融制度的影响

武巍等（2005）认为金融排斥的一个严重后果是地方货币系统的产生。Rowlinson（1994）、Dayson et al.（1999）认为地方货币系统的产生源于遭受严重金融排斥的人群对金融服务有强烈的需求，这时地方货币系统就有很大的需求市场，但这种地方金融系统大多是由非正规渠道设立起来的，往往会演变成地下钱庄等，所以存在着一定程度的法律和道德意义上的缺陷，并带来了一定的法律和社会问题（Leyshon，1997）。因此，社会经济的发展会受到金融排斥的影响。徐少君（2008）通过分析认为金融排斥会导致农户对正规金融服务的需求减少，进一步加剧金融排斥，如此往复，形成恶性循环，对农户生活水平的提高和农村地区金融和经济的发展无疑是一种阻碍。非正规金融具有的信息优势，是对现有的正规金融的一种补充和替代，不是可有可无的，因此也是一种内生的制度安排，有其存在的必然性。徐少君（2008）通过分析金融排斥对非正规金融的诱导作用发现，金融排斥的产生又导致了农村金融制度的创新，这种制度变迁导致的直接后果是农村非正规金融得到了发展，同时也导致了一些民营资本进入农村金融领域。金融排斥指数和非正规金融发展规模关系的实证结果也表明了两者呈现了一定程度的正相关。

2.2.3　金融排斥的应对策略

如何降低金融排斥程度？国外学者也在积极探索降低金融排斥的方法，其中一些成功实践对有效干预我国农村金融排斥问题具有积极的借鉴意义。国外的学者们提出了一些具体对策措施，从大的方面讲，缓解金融排斥，提高包容性金融发展，主要包括两条途径，

（1）供给层面：促使现有的金融体系增加对居民的金融产品和服务的供给。

发展新型金融机构或替代型金融中介机构，从而能够向遭受金融排斥的居民提供金融服务（HM Treasure（恩宝），1999）；加强金融机构的整体协作能力，如构建信用联盟、发展社区银行、提高邮政储蓄银行和其他正规金融机构间的融合程度；政府要对金融排斥进行规制（FSA，2000），改进政府的规章制度，如制定社区再投资法案等；推广信息技术，如自动取款机、电话、网络、数字电视银行等；开发能够满足居民需求的金融产品，并要考虑低收入居民有能力支付金融服务。

（2）需求层面：增加居民获取金融服务的能力

增加收入。国外学者发现，相对贫困的城市和低收入群体聚集的地区，金融机构会急剧缩减，金融分支机构的关闭将会导致"金融空洞"，从而产生严重的金融排斥。这也表明收入越低的区域，银行的分支机构越少（Vass（瓦斯），1997），因此

增加收入是解决金融排斥问题的重要手段。

加强教育。增加居民的金融教育是应对农村金融排斥的重要途径（Kempson，2000）。通过设立金融专项教育基金，广授金融专业知识和相关道德意识的培养以及组织对职业者技能的培训，加强金融供需双方的信任和关系等措施，提高居民的金融认知能力和金融信息的咨询。

2.2.4　文献述评

（1）文献对测度金融排斥的方法并没有达成一致，指标的选取主要是考虑到数据的可获得性，目前还缺乏适合测度我国农村金融排斥的指标和模型。表示包容性金融的金融机构网点数、储蓄、贷款、保费收入仅仅代表了包容性金融发展的一个维度，学者一直在探索如何更好地测度包容性金融发展，Beck（2007）初步提出了表示包容性金融发展的八个指标，但是如何选取合适的指标并用一个综合的指数来测度包容性金融发展，从而计算出金融排斥成为了学者们继续探讨的话题。

（2）金融排斥理论作为第四代金融发展学理论（徐少君，2008），成为了学者们研究的热点，以世界银行发展经济学首席经济学家 Beck 为代表的学者一直在不断搜集数据，从人文的角度实证分析金融排斥的诱因及其导致的后果。由于我国宏微观数据搜集的困难，目前的文献缺乏对我国农村金融排斥的诱因进行比较全面的实证分析；缺乏农村金融排斥对生产率、收入分配和贫困影响的实证分析。目前的研究主要还是集中于对英美等发达国家的研究，但是各国金融排斥的诱因及金融排斥导致的后果是不同的。因此，积极开展对我国农村金融排斥的研究，对丰富金融排斥的研究具有积极意义。

（3）缺乏对如何减轻我国农村金融排斥问题的探讨。目前相关的研究文献都是从宏观层面探讨国外应对农村金融排斥的经验借鉴，比如建立社区银行、发展电子化金融服务，但是在我国是否可行？如何发展？很少有文献对我国发展社区银行和电子化金融服务进行详细分析。本书将结合当前我国农村发展的实际情况，为我国具体的政策干预提供实际可操作的政策建议。

3 我国农村金融排斥的现状分析

根据上一章对农村金融排斥测度方法的研究，本书首先描述分析了我国干预农村金融排斥的现状，包括 2009 年我国农村金融机构网点数及贷款情况、我国不同省份农村金融机构网点分布、不同省份获取贷款的农户和中小企业比例、我国干预农村金融排斥的政策环境和农村金融基础设施及相关服务。然后，本书定量分析了我国农村金融排斥的空间差异及收敛性，主要采用 Chakravarty（2010）改进的 IFE 指数计算我国农村金融排斥度，然后采用 σ 收敛、β 收敛和"俱乐部收敛"3 种分析方法对 2006—2009 年我国农村金融排斥收敛性进行分析。描述分析与定量分析的结合将有利于更全面地了解我国农村金融排斥情况。

3.1 我国农村金融排斥现状的描述分析

3.1.1 我国农村金融机构网点数及存、贷款情况

（1）农村金融机构网点及存、贷款总体分布情况

从表 3-1 看出，我国县域农村银行业金融机构中，主要包

括五大商业银行、各级农村信用社以及邮政储蓄机构，其营业网点数分别为 27 368 家、47 381 家、25 721 家，其他银行类金融机构数量比较小，政策性银行 1537 家，股份制商业银行 612 家，城市商业银行及城市信用社 1083 家，农村合作银行 5574 家，农村商业银行 3387 家，新型农村金融机构 210 家。

有贷款功能的营业网点数为 78 611 家，占营业网点数的 69.65%，其中中国农业银行和各级农村信用社分别为 13 779 家和 38 415 家，占所有具有贷款功能营业网点总数的 77.8%，说明中国农业银行和各级农村信用社在数量及覆盖面上都占据主导地位。

在农村贷款方面，2009 年五大商业银行农村地区投放贷款为 47 815.71 亿元，占全部金融机构农村地区贷款余额的 51%，其次是各级农村信用社为 21 458.40 亿元，占比为 23%，而且相对 2006 年分别增加了 70.5% 和 49.6%。2009 年政策性银行、股份制商业银行、城市商业银行及城市信用社、农村合作银行、农村商业银行、邮政储蓄银行、新型农村金融机构农村贷款投放占总的农村信贷资金投放比例的 8%、5%、3%、5%、4%、1% 和 0.2%。

在农村储蓄方面，2009 年五大商业银行农村地区储蓄额为 92 541.74 亿元，占全部农村地区金融机构储蓄余额的 56%，其次是各级农村信用社为 31 250.23 亿元，占比为 19%，而且相对 2006 年分别增加了 69.6% 和 47.9%。2009 年政策性银行、股份制商业银行、城市商业银行及城市信用社、农村合作银行、农村商业银行吸收的农村储蓄占总的农村储蓄比例的 0.8%、4%、2%、4%、4%。

表 3-1　2009 年农村金融机构网点数及 2006—2009 存、贷款情况

年份 金融机构	2009 营业网点数（个）	2009 有贷款功能网点数	2006 各项贷款余额（亿元）	2006 贷款占比（%）	2006 各项存款余额（亿元）	2006 存款占比（%）	2009 各项贷款余额（亿元）	2009 贷款占比（%）	2009 各项存款余额（亿元）	2009 存款占比（%）
五家商业银行	27 368	21 783	28 044.990	0.522	54 553.73	0.58	47 815.71	0.51	92 541.74	0.56
中国农业银行	13 779	12 320	10 972.500	0.204	21 326.58	0.23	14 142.44	0.15	33 866.12	0.21
政策性银行	1537	1514	5648.66	0.105	522.37	0.01	7719.43	0.08	1273.78	0.008
中国农业发展银行	1527	1504	5644.61	0.105	515.45	0.01	7644.19	0.08	1265.13	0.008
股份制商业银行	612	605	1705.43	0.032	2370.32	0.03	4998.67	0.05	6305.79	0.04
城市商业银行及城市信用社	1083	858	1125.21	0.02	1641.25	0.02	2874.14	0.03	4095.11	0.02
各级农村信用社	47 381	38 415	14 346.94	0.27	21 125.31	0.23	21 458.40	0.23	31 250.23	0.19
农村合作银行	5574	4676	1881.60	0.04	2610.13	0.03	4946.54	0.05	6842.14	0.04
农村商业银行	3387	2587	937.04	0.02	1572.61	0.02	3357.06	0.04	5924.76	0.04
邮政储蓄银行	25 721	7963	18.13	0.001	9569.88	0.10	867.79	0.01	15 547.04	0.09
新型农村金融机构	210	209	0	0	0	0	161.55	0.002	222.39	0.001
村镇银行	160	159	0	0	0	0	153.42	0.002	220.15	0.001
贷款公司	36	36	0	0	0	0	7.49	0	0	0
农村资金互助社	14	14	0	0	0	0	0.64	0	2.24	0

数据来源：2010《中国统计年鉴》和银监会网站。

（2）中国农业银行

近年来，中国农业银行加大了改革力度，而且成效明显，可持续发展能力明显增强。中国农业银行的"支农服务主力军"作用进一步发挥，对改善和提升农村金融服务能力和水平、促进解决"三农"问题发挥了重要作用①。中国农业银行网点数为 13 779 个，占全部农村地区金融网点的 12%。2009 年县域农村地区农业银行贷款余额为 14 142.44 亿元，占农村地区总贷款额度的 15%，较 2006 年增长了近 29%。存款余额为 33 866.12 亿元，占农村地区总储蓄额度的 21%。

（3）中国农业发展银行

2008 年以来，中国农业发展银行在以粮棉油收购贷款业务为主体，以农业产业化经营和农业农村中长期贷款业务为两翼的业务发展的基础上，不断拓展新的业务，积极支持新农村建设②。2009 年 6 月，根据《中国银监会关于我国农业发展银行扩大县域存款业务范围和开办县域城镇建设贷款业务的批复》，中国农业发展银行开办了县域城镇建设贷款和县域内公众存款业务，是其业务范围的又一次拓展。在涉农业务范围不断扩大的同时，中国农业发展银行支农信贷大幅增长，支农力度不断加大。2009 年年末，贷款余额达到 7644.19 亿元，比 2006 年增加 1999.58 亿元，增长 35%。

（4）中国邮政储蓄银行

2007 年年初，中国邮政储蓄银行正式挂牌成立，开始探索按照商业化原则服务农村的有效形式。成立以来，涉农业务不断拓展，尤其是农村地区小额贷款业务得到较快发展。利用网点优势，为广大农民提供基础金融服务。目前，邮政储蓄银行

① 具体见附表3-1，中国农业银行发展政策变化。
② 具体见附表3-2，2007 年以来中国农业发展银行业务拓展情况。

有 25 721 个网点位于县域农村地区，除提供储蓄和汇兑业务之外，还为农村地区提供代理保险，代收农村电费、电话费和电视有线费等服务，办理代发粮食补助金、退耕还林款和计划生育奖励金等各种业务。2009 年，全国县域农村地区邮政储蓄银行储蓄余额 15 547.04 亿元，占农村地区储蓄存款余额的 9%。

（5）新型农村金融机构

随着国家陆续出台放宽农村金融市场准入政策，不仅原有服务县域农村的金融机构网点保持稳步增长，而且新型农村金融机构和组织不断出现。截至 2009 年年末，县域农村地区共有新型农村金融机构 210 家。

村镇银行。2009 年年末，县域农村地区共有新型农村金融机构 160 家，存款余额 220.15 亿元，占比 0.1%，贷款余额 153.42 亿元，占比 0.2%。

小额贷款公司。2008 年 5 月，银监会和中国人民银行《关于小额贷款公司试点的指导意见》发布以后，在各地方政府主导下，小额贷款公司试点得到了一定发展。截至 2009 年年末，县域农村地区设立的小额贷款公司数只有 36 家，贷款余额仅仅为 7.49 亿元。显然，小额贷款公司在县域农村地区的发展潜力没有得到深入挖掘。

农村资金互助社。县域农村地区资金互助社共有 14 家，贷款余额 0.64 亿元，存款余额 2.24 亿元。占农村总存款、贷款的比重忽略不计。这表明了目前我国农村资金互助社在农村地区还处于萌芽阶段。

3.1.2 我国不同省份农村金融机构网点分布

农村金融密度偏低，分布不均衡。从表 3-2 及图 3-1 可以看到，平均每万县域农村人口只拥有 1.13 个金融网点，远低于全国平均水平 1.34 个（据银监会相关统计数据整理得到），这表明我国农村地区银行业金融机构网点覆盖率偏低，农村金融网点的分布还存在严重的区域不平衡。部分省份的农村金融网点覆盖率远远超过了全国平均水平，东部发达省（市）北京、上海、天津、浙江每万人拥有的网点数量为 1.75 个、1.89 个、1.81 个、1.85 个，西部地区的内蒙古、西藏地区每万人拥有的农村金融机构网点数量为 1.71 个和 1.94 个，而全国有 9 个省份县域农村地区的金融网点覆盖率低于平均农村金融网点个数（云南 0.93 个、贵州 0.81 个、广西 0.84 个、湖南 1.06 个、湖北 0.85 个、河南 0.79 个、山东 1.02 个、江西 1.12 个、安徽 0.63 个）。

表 3-2　我国 2009 年各省（市）县及县以下（含县级市）
农村金融机构网点分布

地区	合计（家）	每万人拥有的网点数（家）	每百平方公里网点数（家）	中国邮政储蓄银行（家）	农村信用社（家）	中国农业银行（家）	股份制商业银行网点（家）	其他银行机构网点（家）
北京	475	1.75	5.70	90	0	70	5	380
天津	441	1.81	8.04	71	215	108	0	155
河北	6968	1.14	3.84	1027	4220	693	1	1724
山西	3826	1.51	2.69	792	2277	278	2	755
内蒙古	3308	1.71	0.27	520	1656	364	33	1051
辽宁	3561	1.50	2.74	890	1653	452	1	1012
吉林	2759	1.45	1.55	735	1135	352	0	887
黑龙江	3231	1.23	0.87	902	1404	351	0	844
上海	229	1.89	12.23	68	0	56	6	155
江苏	6701	1.28	8.20	1781	963	997	63	3894
浙江	6571	1.85	7.19	1197	1265	675	150	3958
安徽	3077	0.63	2.04	1086	1469	472	2	1606
福建	3186	1.23	2.95	598	1213	468	59	1316
江西	4163	1.12	2.56	1157	1895	483	10	1205
山东	7612	1.02	6.03	2031	2974	915	54	2552
河南	6631	0.79	4.35	1511	3455	695	24	1640

表3-2(续)

地区	合计（家）	每万人拥有的网点数（家）	每百平方公里网点数	中国邮政储蓄银行（家）	农村信用社（家）	中国农业银行（家）	股份制商业银行网点（家）	其他银行机构网点（家）
湖北	3669	0.85	2.30	1028	1513	496	7	1119
湖南	5964	1.06	3.08	1677	2960	535	9	1318
广东	6703	1.16	4.31	1096	2943	903	143	2521
广西	3424	0.84	1.60	718	1322	545	1	1381
海南	798	1.20	2.61	258	309	110	0	231
重庆	2915	1.27	4.33	1144	0	253	3	1768
四川	8232	1.24	1.79	2183	4002	831	25	1990
贵州	2917	0.81	1.71	541	1659	285	1	716
云南	3672	0.93	0.98	653	1952	506	2	1065
西藏	506	1.94	0.04	36	0	452	0	470
陕西	3763	1.35	2.02	826	1999	370	2	935
甘肃	3176	1.40	0.72	428	1552	424	0	1194
青海	563	1.26	0.09	87	288	92	2	184
宁夏	488	1.28	0.95	76	236	112	6	170
新疆	2330	1.27	0.14	514	852	436	1	963

数据来源：根据中国银行业监督管理委员会公布的农村金融服务分布图集整理计算而得。合计数包括五家商业银行、政策性银行、股份制银行、城市商业银行及城市信用社、各级农村信用社及邮政储蓄机构。

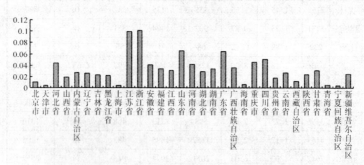

图3-1 农村地区金融机构网点比例

从各省（市）农村地区金融网点数量占全国农村金融网点总量的比例看出：占比相对比较高的省份为江苏9.94%、浙江10.1%、山东6.52%、广东6.44%，而青海、宁夏、海南、上海、天津占比分别为0.5%、0.4%、0.6%、0.4%、0.4%，河北、安徽、福建、河南、湖南、广西和重庆分别占比4.4%、4.1%、3.36%、4.19%、3.37%、3.53%和4.51%，所占比重高于省均水平3.22%，全国有19个省（市）的农村地区均存在严重的金融排斥。江苏、浙江、山东、广东、河北、安徽、福建、河南、湖南、广西和重庆网点比例高于全国平均水平，并不意味着这些地区金融排斥程度低。邮政储蓄银行、农村信用社和农业银行占了农村金融机构网点的绝大部分，但是长期以来，其只能提供最基本的存、贷、汇服务，而且长期充当了农村金融的"抽水机"，导致了农村地区更加严重的金融排斥。

从全国层面看，2006年年底，全国每个乡镇的银行业网点平均不到3个，其中3302个乡镇连一个营业网点也没有。2009年年底，全国还有2792个金融空白乡镇。到2011年年底，空白乡镇仍然有1696个。金融机构的缺失导致这些地区"金融空洞"的存在，从而进一步产生了马太效应，加速了金融发展水平极低的农村地区陷入资金外逃和金融发展落后的恶性循环，这都将进一步抑制农村经济的发展，引发农村地区的社会排除。

图3-2给出了各省农村地区股份制商业银行总量占全国股份制商业银行总量的比例。我国农村地区的股份制商业银行网点数量微乎其微：全国有6个省农村地区没有一家股份制商业银行营业网点；股份制商业银行占比比较高的省份有浙江（24.5%）、广东（23.37%）、江苏（10.29%），14个省份股份制商业银行占比低于1%。因而大部分股份制商业银行仍然分布在发达省（市）的城镇地区，农村地区所占比例极其有限。本书选取股份制商业银行，主要是考虑到其遵循了市场化原则，

独立自主地进行选址，金融网点的分布特点反映了其对地区区位优势的选择，也是区域金融市场化的表象；此外，股份制商业银行在服务模式、服务产品等方面创新能力强，能够反映当地的金融排斥情况。

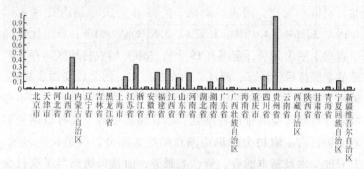

图 3-2　农村地区股份制商业银行占全国股份制商业银行比例

3.1.3　获取贷款的农户和中小企业比例

从图 3-3 看出，2009 年，我国各省份农村地区获取贷款的农户比例全部低于 30%，其中东部发达地区的北京、天津、上海、浙江、江苏和广东获取贷款的农户比例分别为 25.5%、7.8%、9.1%、16.4%、9.7%、8.1%，这表明了我国发达地区也同样存在严重的农村金融排斥。中部地区的湖北、河南、湖南、江西、安徽、山西获取贷款的农户比例为 14.8%、8.6%、12.5%、10.7%、8.6%、14.7%。西部地区的内蒙古、广西、重庆、四川、贵州、云南、陕西、甘肃、青海获取贷款的农户比例分别为 16.2%、9.6%、6.1%、14.9%、11%、18.9%、16.4%、16.4%、13%。农户贷款满足比例明显低于农户的实际需求，如何广文 1998 年对浙江、江苏、河北、河南、陕西共 365 个农户的调查，中国农业科学院农业政策研究室 2001 年对全国 1199 个农户所做的调查，朱守银 2002 年和陈天阁 2004 年分别对安徽亳州、阜阳 217 个农户和皖北平原 300 个农户的调查，霍学喜 2005 年对陕西渭北的调查等，都表明了农户的融资需求比例都基本稳定在 70% 以上，有的地区甚至超过了 90%。

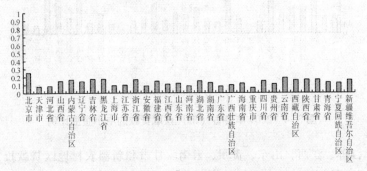

图 3-3 2009 年各省（市）获取贷款的农户比例

从图 3-4 看出，2009 年我国少数省份农村地区获取贷款的企业比例相对较高，如吉林省占比为 51.3%，陕西占比为 59.5%，甘肃占比 88.1%，河北占比 47.89%，云南占比 41.3%，其余省（市）全部低于 40%，其中东部发达地区的北京、天津、浙江、江苏和广东获取贷款的企业比例分别为 21.3%、19.9%、37.8%、16.5%、19.0%，这表明了我国发达地区中小企业也同样存在严重的金融排斥。中部地区的湖北、河南、湖南、江西、安徽、山西等省份获取贷款的企业比例为 15.2%、23.8%、34.0%、29.2%、13.2%、32.3%。西部地区的内蒙古、广西、重庆、四川、贵州、青海等省份获取贷款的企业比例分别为 31.0%、14.3%、10.7%、23.2%、12.5%、10.1%。

各个省（市）农村贷款投放比例用农村地区贷款比上全省总的贷款投入，从图 3-5 可以看出，内蒙古县域农村贷款投放比例最高，占比为 48.3%，其次为浙江 42.6%，河北、吉林、

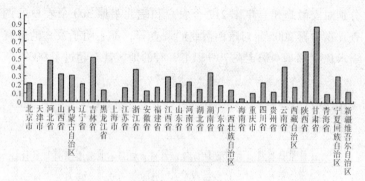

图 3-4　2009 年各省（市）获取贷款的中小企业比例

江苏、江西、山东、贵州、云南、甘肃和新疆农村地区贷款投放比例在 40%～30%，其他省（市）都低于 30%，其中包括了传统的农业大省，比如河南、湖北、湖南、四川、山西、辽宁、黑龙江、广西、青海、宁夏等，表明了这些地区的农村贷款排除更加严重。

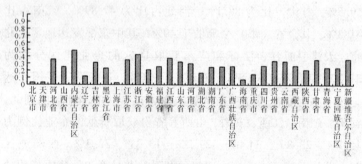

图 3-5　2009 年我国各省（市）农村贷款投放比例

从图 3-6 可以看出，各地区的农村存贷差存在很大差异：如浙江存贷差为 -6617.41 亿元（绝对值为各省区最大值），其次为江苏省的存贷差为 -2806.09 亿元，内蒙古、山东、贵州、云南、西藏、青海、宁夏、上海的存贷差都表现为负值。表明这些地区的资金为净流入。而河北存贷差值最大，为3409.98亿元，其后依次为广东、河南、四川、山西、湖南、湖北和安徽，存贷差都在超过了1000亿元。表明了这些地区存在严重的金融排斥。除了以上省份，其他地区都呈现存款大于贷款总量的现象，资本外流，我国农村地区依然存在一定程度的金融排斥现象。

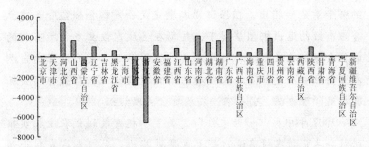

图3-6　2009年我国各省（市）农村地区存、贷差

3.1.4　我国干预农村金融排斥的政策环境

（1）国家宏观层面的政策支持。近年来，中央政府确立了通过促进金融机构多元化、培育竞争性农村金融机构体系地方化、小型化的路径，促进小额信贷的发展。中央的政策意图主要体现在中央"一号文件"上。自2004年以来，连续七个中央"一号文件"都提到了农村金融问题，提出了要加快金融体制的改革和创新，改善农村金融服务，并鼓励发展多种形式的小额信贷和小额信贷组织，指明了我国金融体制改革的方向。

2004年中央"一号文件"《关于促进农民增加收入若干政策的意见》提出，鼓励有条件的地方，在严格监管、有效防范金融风险的前提下，通过吸收社会资本和外资，积极兴办直接为"三农"服务的多种所有制的金融组织。

2005年中央"一号文件"《关于进一步加强农村工作提高

农业综合生产能力若干政策的意见》倡导，培育竞争性的农村金融市场，有关部门要抓紧制定农村新办多种所有制金融机构的准入条件和监管办法，在有效防范金融风险的前提下，尽快启动试点工作。有条件的地方，可以探索建立更加贴近农民和农村需要、由自然人和企业发起的小额信贷组织。

2006年中央"一号文件"《关于推进社会主义新农村建设的若干意见》指出，在保证资本金充足、严格金融监管和建立合理有效的退出机制前提下，鼓励在县域内设立多种所有制的社区金融机构，允许私有资本、外资等参股。大力培育由自然人、企业法人或社团法人发起的小额贷款组织，有关部门要抓紧制定管理办法，引导农户发展资金互助组织。

2007年中央"一号文件"《关于积极发展现代农业扎实推进社会主义新农村建设的若干意见》指出，大力发展农村小额贷款，在贫困地区先行开展发展农村多种所有制金融组织的试点。

2008年中央"一号文件"《关于切实加强农业基础建设进一步促进农业发展农民增收的若干意见》指出，在加强监管、防范风险的前提下，加快发展多种形式新型农村金融组织和以服务农村为主的地区性中小银行。鼓励和支持金融机构创新农村金融产品和金融服务，大力发展小额信贷和微型金融服务，农村微小型金融组织可以通过多种方式从金融机构融入资金……抓紧出台对涉农贷款定向实行税收减免和费用补贴、政策性金融对农业中长期信贷支持、农民专业合作社开展信用合作试点的具体办法。

2010年中央"一号文件"又提出了要继续加大国家对农业农村的投入力度，提高农村金融服务质量和水平。要进一步加大政策性金融对农村改革发展重点领域和薄弱环节的支持力度，大力开展农业开发和农村基础设施建设中长期政策性信贷业务；

加快培育村镇银行、贷款公司、农村资金互助社，有序发展小额贷款组织，引导社会资金投资设立适应"三农"需要的各类新型金融组织；落实和完善涉农贷款税收优惠、定向费用补贴、增量奖励等政策等。

资料来源：国务院发布的2004—2010年中央"一号文件"。

（2）财政补贴和奖励扶持政策。近年来，各部门对农村金融扶持政策支持力度逐年加大，政策协调性有所增强，正向激励引导作用初步显现，对资金流向农村起到了促进作用，增强农村金融机构可持续发展能力；通过注资、剥离不良资产等方式推进中国农业银行改革；通过专项票据、支农再贷款、保值贴补、呆账拨备等继续深化农村信用社改革；通过实行税收优惠、财政补贴和奖励以及差别存款准备金率等，促进各类金融机构加大涉农信贷投入；支持新型农村金融机构发展；鼓励增加涉农信贷投放；实施扶贫贷款贴息政策，支持农村贫困群体。完善财政相关配套制度建设。

支持新型农村金融机构发展的政策措施。针对新型农村金融机构设立时间短、初期财务压力大等困难，自2008年起财政部开始对符合条件的新型农村金融机构给予费用补贴，减轻财务压力。2009年财政部出台《中央财政新型农村金融机构定向费用补贴资金管理暂行办法》，对上年贷款平均余额同比增长且达到银监会监管指标要求的贷款公司和农村资金互助社，上年贷款平均余额同比增长、上年末存贷比高于50%且达到银监会监管指标要求的村镇银行，按其上年贷款平均余额的2%给予补贴。目前已累计向符合条件的新型农村金融机构拨付了补贴资金2.61亿元。

2010年，财政部将西部基础金融服务薄弱地区的金融机构网点纳入补贴范围。鼓励增加涉农信贷投放的政策措施。实施财政奖补政策，激励金融机构加大支农力度。2009年财政部出台《财政县域金融机构涉农贷款增量奖励资金管理暂行办法》，开展县域金融机构涉农贷款增量奖励试点，对县域金融机构上年涉农贷款平均余额同比增长超过15%的部分，按2%的比例给予奖励，激发金融机构加大涉农贷款投放的内生动力。

实施扶贫贷款贴息政策，支持农村贫困群体。为引导金融资本投入农村贫困地区，中央财政自1998年起安排扶贫贷款贴息资金，并不断改革和完善扶贫贷款贴息制度，扩大承贷主体，丰富资金来源。截至2009年年底，中央财政共拨付了贴息资金81.5亿元，累计带动发放了超过2000亿元的扶贫贷款。

完善财政相关配套制度建设。金融财务制度方面，财政部放宽了金融机构对涉农贷款的呆账核销条件，授权金融机构对符合一定条件的涉农贷款进行重组和减免，可酌情减免本金和表内利息。金融机构业绩考核方面，将涉农贷款等指标作为加分因素纳入绩效考核体系，使支农业务对金融机构的薪酬水平产生积极影响，激励金融机构主动支农。

资料来源：中国银监会官方网站。

（3）税收优惠政策。包括对涉农金融机构的税收优惠政策，对特殊涉农业务的税收优惠，支持新型农村金融机构发展的政策措施。

对涉农金融机构的税收优惠政策。财政部《关于农村金融有关税收政策的通知》规定，自2009年1月1日至2013年12月31日，对农村信用社、村镇银行、农村资金互助社、贷款公司、法人机构所在地在县及以下地区的农村合作银行和农村商业银行按3%的税率征收营业税。《关于金融企业涉农贷款和中小企业贷款损失准备金税前扣除政策的通知》规定，自2008年1月1日起至2010年12月31日，对金融企业涉农贷款和中小企业贷款损失准备金实施税前扣除。金融机构对涉农贷款分类后，按规定的比例计提的贷款损失专项准备金，在计算应纳税所得额时可全额扣除。

对特殊涉农业务的税收优惠。对金融机构农户小额贷款的利息收入，免征营业税。对金融机构农户小额贷款的利息收入在计算应纳税所得额时，按90%计入收入总额。

支持新型农村金融机构发展的政策措施。针对新型农村金融机构设立时间短、初期财务压力大等困难，自2008年起财政部开始对符合条件的新型农村金融机构给予费用补贴，减轻财务压力。2009年财政部出台《中央财政新型农村金融机构定向费用补贴资金管理暂行办法》，对上年贷款平均余额同比增长且达到银监会监管指标要求的贷款公司和农村资金互助社，上年贷款平均余额同比增长、上年末存贷比高于50%且达到银监会监管指标要求的村镇银行，按其上年贷款平均余额的2%给予补贴。目前已累计向符合条件的新型农村金融机构拨付了补贴资金2.61亿元。2010年，财政部将西部基础金融服务薄弱地区的金融机构网点纳入补贴范围。

资料来源：中国银监会官方网站。

（4）差别化的货币信贷政策。稳步推进农村金融机构贷款利率市场化。农村信用社贷款利率浮动上限可以扩大到贷款基准利率的2.3倍。对新型农村金融机构贷款利率已实现下限管理；出台"新增存款一定比例用于当地"的具体政策措施。2009年，中国人民银行、银监会研究并联合发布了《关于鼓励县域金融机构将新增存款一定比例用于当地贷款的考核办法（试行）》，从2011年起，在部分县域开展试点工作。

这一系列政策的出台带给了农民极大的实惠，同时，也为农村经济发展创造了良好的政策环境，最终引导更多的信贷资金投向农村。以上政策在一定程度上还能扩大农村金融机构对农户的贷款，有利于缓解农民贷款难问题，最终使所有农户都能享受到均等的金融服务，加快在我国农村构建包容金融。

3.1.5 我国农村金融基础设施及相关服务

3.1.5.1 农村电子化金融服务

（1）我国农村电子化金融服务的发展现状

农村支付体系建设快速推进。在我国农村幅员辽阔、农户居住分散这一特殊国情下，传统银行物理网点的方式必将难以满足广大农户的金融服务需求，因此，在我国普遍存在着"金融抑制""服务缺失"等问题。2009年，中国人民银行发布了《关于改善农村地区支付服务环境的指导意见》指出了积极引导农村地区银行机构充分利用大、小额支付系统、支票影像交换系统等办理支付业务。要采取灵活多样的接入方式，实现人民银行大、小额支付系统全面覆盖农村地区银行机构。要指导农信银资金清算中心将农信银支付清算系统延伸到乡，充分发挥其连通城乡的支付清算网络优势。在这一思想指导下，成立了全国范围内的农信社清算中心，并加强对电子化建设等的投入，便利了农村地区的支付清算服务节约交易成本。

农村支付服务环境建设改善

2005年12月开始试点的农民工银行卡特色服务进展良好，满足了外出打工农民资金汇兑、存储等方面的需求，有效解决了农民工打工返乡时携带大量现金的资金安全问题。截至2009年年末，全国除山西、西藏两省外，其他30个省（市、自治区）农信银机构（农村信用社、农村信用联社、农村合作银行、农村商业银行）的省辖核心业务机构全部集中接入农信银支付清算系统，28个省（市、自治区）农信银机构开通实时电子汇兑业务，各地农村合作金融机构均可办理解付银行汇票业务，共有20 587家农村信用社、1035家农村合作银行、1664家农村商业银行、88家村镇银行进入中国人民银行支付系统。全年农信社通过人民币大额支付系统发起业务共 2294.56 万笔，金额397 600亿元。

到 2010 年年末，全国共有 28 886 家农村信用社网点、1238家农村合作银行网点、1164 家农村商业银行网点、261 家村镇银行网点接入中国人民银行跨行支付系统，有效地畅通了农村地区异地汇划渠道。同时，中国人民银行还督促和指导农村信用社电子化建设，加快农村信用社和上级联社间网络建设速度，逐步建立农村信用社内部支付结算网络，改善支付结算渠道。此外，农村支付服务环境示范县建设顺利推进，成果显著。

资料来源：《2010 中国人民银行农村金融服务报告》。

我国积极强化服务渠道建设创新，非现金支付工具快速推广。加快县域网点的建设步伐，扩大了物理网点的服务半径；加大了县域农村电子服务投入渠道，基本上形成了"人工+机器+电话+网银+手机"多层次、广覆盖的"三农"和县域金融服务渠道体系。各涉农金融机构开始推广和普及各类银行，将其广泛应用于集贸市场、粮农批发市场以及涉农补贴资金发放等领域。在比较发达地区的农村，支票、汇票、本票也得到了大量推广，并部分实现电子化处理。

例如，中国农业银行推出了独特的"农行模式"。这个模式的创新性在于以"惠农卡"为载体，以电子化服务为渠道来实施。截至 2011 年 6 月，共发行 8100 余万张惠农卡，在全国县域地区配置 ATM 机 1.43 万台，存取款一体机 8800 余台，POS 机 15.4 万台，转账电话 136.1 万台，全国 3 亿多农户享受到了现代化的便利的金融服务。而且通过电子化渠道这个载体，农业银行还创新性地推出了小额现金存取款等多种服务方式，传统模式所不能覆盖的偏远地区和贫困人群也享受到了基础金融服务。

（2）推广农村电子化金融服务面临的困境

农村地区传统观念和消费习惯根深蒂固。农村地区非现金支付资金清算系统"腿短"，银行卡运行范围较"窄"。受传统支付习惯和思维的影响，农民支付表现形式还是比较传统，主要还是以现金进行支付，"现金为王、持币过冬"的思维方式仍然占主导地位，在结算方式的选择上偏好纸币而非电子货币。一是农村信用社在金融基础设施和条件上的相对滞后导致金融配套服务没有及时跟上，现金结算逐步成为农业生产和加工领域唯一可以选择的支付工具；二是非现金支付对于农村地区的人们来说，属于新鲜事物，虽然有一部分人可以接受，但是现金对于他们来说是使用率最高的。

采取通过为广大农户统一开立涉农资金补贴个人结算账户，对涉农资金补贴通过个人结算账户直接转账发放，减少现金使用，已取得一定成效。但涉农资金补贴和补助发放以非现金结算方式的内容和范围仍比较窄，主要是以种粮直接补贴发放为主，对农机具购置、家电下乡、新型农村合作医疗补助等涉农资金，一般仍实行现金结算为主。

农村居民支付结算知识缺乏，制约非现金支付工具的推广和应用。一是非现金支付工具认知度单一，大部分农民对非现金支付工具的认知度，一般只限于了解个人结算账户、借记卡和汇款转账这三项与农民日常工作和生活密切相关的支付工具，传统服务上采用票据结算的也相对较少，相对于传统业务来说，借助通信工具来实现金融服务甚微。二是农民处于一种谨慎的态度，缺乏勇于对新型金融支付工具的尝试心理。比如在信通卡发卡过程中，城镇居民较易接受，对其宣传和推广起来也较为容易，而对于农民就有些难度。笔者曾遇到过这种情况，一些乡镇居民来办理开户业务，在向其推销信通卡时，他们拒绝的理由是卡上的东西看不见，钱多了或少了不知道，不如存折看着直观。存在这种观念主要是由于农民怕传统票据造假和新兴支付工具不安全，而这个现象也与我们的宣传力度有着直接的关系。

农村地区非现金支付服务环境、效率、质量和安全性还不能令农民"十分满意"。主要表现为：一是虽然农村信用社在基层网点众多，但其非现金支付工具少，主要以通存通兑、汇兑为主，信通卡为补。二是电话银行、手机银行、网上银行等新兴非现金支付工具在农村地区由于受网络、技术、安全隐患等影响，再加上农民的认知程度较低，造成这些新兴服务工具在农村遭遇"英雄无用武之地"的尴尬，其发展在农村地区几乎"空白"。三是农村信用社非现金支付工具使用的基础设施缺乏，最主要的比如自动取款机（ATM）和POS机，而且在推广和选址上都存在着一定的问题，再者支付系统作用尚未充分发挥，这使得现金成为农村地区最快捷和高效的支付工具。四是非现金支付服务特别是银行办理结算业务手续较复杂、环节较多，一些票据如银行汇票、商业汇票，在操作上要求具备很强的规范性和合理性，否则便会导致票据无效或票据权利丧失，不如现金交易直观明了。五是非现金支付工具带来的风险远远高于现金结算风险，特别是随着科技的进步，诸如伪造、变造票据风险、网络黑客给电子支付带来的风险等，增加了农民使用非现金支付的潜在风险。六是相对于城市地区来说，农村结算对象密集度低、跨期性、金额小，使用非现金支付不便于交易。

因此，应该做好农村支付结算知识宣传工作，不断提高农户对支付结算工具的认知度；加大农村金融业务创新，推广运用多种支付结算工具；改善银行卡用卡环境，提高银行卡使用效率。

3.1.5.2　农村征信发展

（1）农村征信制度的概念和内涵

征信（Credit Checking 或 Credit Investigation）源于《左传》

中"君子之言，信而有征，故怨远于其身"。近代的章太炎比较完整地将"征信"概念运用于学术研究中，"征信"被定义为"推校、推度、判断之意"。中国人民银行征信处将征信定义为：专业化的第三方机构为建立信用档案，依法采集、客观记录个人或企业的信用信息，并依法对外提供个人或企业的信用报告的一种活动。征信记录了被征信人过去的信用行为，这些行为将影响到其未来的经济活动。

当前对农村征信制度尚无正式定义。现有的文献对农村征信系统做了比较全面的定义：定位与服务于农村、农业与农民，通过提供信息来为"三农"融资提供支持，并且通过建立一个现代信息服务系统来有效防范农村金融风险，保持农村金融稳定，从而达到促进农村经济金融和谐发展的目的（中国人民银行课题组，2006）。本书将农户即农村经济主体的征信制度定义为：金融部门或非金融部门搜集在农村从事经济活动的农户或农村企业的信息，并建立一套信用档案，通过专门的机构（比如人行征信中心）对采集到的信息进行存储和加工，将这些信用信息产品提供给农村交易主体，从而能帮助金融机构预防信用风险，通过一系列规章制度和实施机制，最终达到提高农户和企业的信用意识，改善农村信用环境和融资环境的目的。

（2）我国农村征信制度的建立与实践

当前我国农村征信体系建设逐步得到加强。中国人民银行首先发起在全国全面推进征信体系建设，并初步建成了全国统一的企业和个人信用信息数据库，目前这一数据库通过连接农村信用社数据库系统已覆盖到广大的农村地区。为了更好地推进和发展农村小额信用贷款业务和改善农村信用环境，各地积极开展以农户信息共享与农户信用评价为基础的农村信用体系建设，引导各种类型的银行及银行类金融机构增加对农户的信用贷款。通过在农村地区广泛开展信用户、村、乡（镇）的创建，极大地改善了农村信用环境。

党中央、国务院高度重视信用体系建设。党的十六大报告明确提出要"健全现代市场经济的社会信用体系"，党的十六届三中全会也提出"按照完善法规、特许经营、商业运作、专业服务的方向，加快建设企业和个人信用服务体系"。党的十七大更是提出了要加快农村信用体系建设。为了加强征信市场管理，推动建立社会信用体系，2007年中国人民银行各分支机构加快了农村信用体系建设，在普及征信知识、提高信用意识等方面做了大量工作。到2007年年底，全国已建立农户信用档案7400多万户，评定的约占67.57%，其中对54%的信用档案农户累计放贷9000多亿，贷款余额4865亿元。2009年中国人民银行征信工作部署会议上，苏宁副行长提出了要继续推动中小企业和农村信用体系建设。然而农村信用基础薄弱，农户征信体系建设刚刚起步，相关制度运行尚处于初期，导致农户征信实践面临着种种困难。

我国是一个非征信国家，征信制度的建立较晚，真正意义上的征信仅有10余年的历史，个人（主要是城镇居民）征信则始于2005年，而以单个农户为征信对象的历史更短。1999年至今，借助农户小额信贷在全国的推动，农户征信开始被提上议事日程，农户在信用社开始有了自己的信用记录，农户的借贷信息开始被正式利用，该信息价值也逐渐被体现，但这还不是真正意义上的征信，真正意义上的征信是近三四年的事情。

起初，征集农户信用主要是依托政府的引导，通过农信社的大力实施，建立了以面向农户且涉及数额较小的征信服务群体，借助于该经济主体的经济实力与偿还贷款的及时性和合理性等方面的信息为依据搭建的征信平台。部分省一级信用联社成立后在全省县一级信用社法人单位统一研发推广农户小额贷款信用打分表，通过信息系统将征信对象的相关信息收录其中，极大地方便了小额贷款的审查和管理。国家对个人信息的重视度增强，2004年人行征信中心整体收纳农信社征集的农户的信息情况，将其并入个人征信系统。到现在，以湖北为例，以农户为核心载体的征信体系建设以步入正轨。目前农户征信制度建设中面临的困境主要包括如下方面：

农户个人信用信息来源渠道单一，信息质量不高。第一，农户征信系统规模小，即现有征信农户所占比例小。由于农户与金融机构之间的借贷交易并不普遍，因此大部分农户的信息不能进入到征信系统之中。第二，信息搜集的偏差和操作性错误以及信息的及时性不够等都会影响数据库信息的有效性。第三，非银行信用信息难以获得。在城市，有工商、税务、司法、供水、供电等部门愿意为城市居民征信数据库提供个人信用信息，而农户征信系统只有一些基本的识别信息和借贷信息，基于信息搜集的困难性与零散性使其并不具备完善的个人信用识别信息，不能提供查询服务，信息采集范围相对狭窄。

缺乏征信产品创新的动力机制。目前，在农村开展的农户征信主要是由农信社来承担，征信产品仅仅限于借助小额信贷的农户调查表和以往的借还款记录。在当前农信社独家支撑农村金融征信市场的格局下，由于人力、物力、财力的限制，很难有动力去进行征信产品的设计与创新。在绝大多数地区，虽然已采用了农户征信的小额贷款信用评分表，但在实际操作中基本流于形式，信贷员在发放贷款时仍然是凭自己的主观判断。

个人信用征信的法律建设缓慢。征信的法律建设主要是为了解决农户征信数据的开放、个人隐私权、消费者的知情权、个人信用资产的受益权问题、个人数据的真实性问题以及数据的搜集程序、数据的使用范围、对象的确定等法律问题。这些法律上的问题如果不得到解决，必将影响农户征信的健康发展。目前我国还没有一部专门的法律来规范征信活动，有关规定散见于《中华人民共和国民法通则》《中华人民共和国合同法》《中华人民共和国担保法》，专门针对征信的仅是一些部门规章，如中国人民银行制定的《个人信用信息基础数据库管理暂行办法》，以及一些地方性法规，然而在系统规范管理与切实保障农户个人信息方面尚且不足。全国性法规的缺失，使得征信机构在具体业务操作中面临法律依据不足等困难。

农户主动参与征信的意识不强。目前我国采用的是被动征信的方式，即不管农户愿意与否，只要与信用社发生过借贷交易，其信息就会被采集。由于征信在农村尚属新生事物，受文化程度、信用意识等方面的影响，农户对征信的认知水平不高，因此主动参与意识不强，信用社与农户之间还没有形成良好的征信与被征信的关系。

因此，完善农户征信制度需要加强政府对征信行业的管理，尽快实现各个行业的信息共享；创新农户征信产品，完善农户征信体系；加快征信的法律建设；加强征信教育，提高农户的征信认知水平。

3.2 我国农村金融排斥的空间差异及其收敛性分析

3.2.1 引言

作为世界发展中的大国，我国的金融排斥状况也越来越引起人们的关注，而我国农村地区遭受相对更为严重的金融排斥，那么，农村不同地区金融排斥的空间差异如何？这种发展趋势是呈现差距收敛还是发散的状态呢？

国内目前较少有学者对金融排斥收敛进行研究。张杰

（1995）最早通过"新古典均衡假说""循环积累因果原理"及"威廉姆斯倒 U 型假说"对我国经济的区域差异状况做了比较分析，认为区域金融会呈现出类似于经济发展的"威廉姆斯倒 U型趋势"。其后，大量的文献从金融深度的角度对我国金融发展的收敛性问题进行研究。如田霖（2006）分析得出我国金融发展的差距在 1978—1984 年扩大，20 世纪 80 年代中期到 1993 年下降，而从 90 年代中期开始又呈现上升趋势，这一证实结果显然与张杰（1995）的"威廉姆森倒 U 型"观点不一致。郑长德（2007）等的实证分析结果也没有支持"倒 U 型"假说。目前的文献使用不同年份的数据得到了不同的分析结果，如陆文喜（2004）研究表明了东、中、西部地区的金融发展存在收敛性，而且具备阶段性，经济金融发展政策影响了收敛性。赵伟和马瑞永（2006）的研究发现，我国的区域金融发展不存在 σ 收敛，但存在 β 绝对收敛，区域金融发展表现出了一定的"俱乐部收敛"特征。

国外文献对金融发展的收敛性也进行了大量研究，其研究表明了不同国家金融体系的收敛性普遍存在，但收敛性进程却总是受到各种因素的干扰。如 Bartiloro（巴尔迪洛）和 DeBonis（迪波尼斯）（2005）对欧盟 12 个国家的研究表明金融发展不存在 σ 收敛，而存在 β 收敛。Magda etc.（马格达，等，1997）通过对法、德、日、意、英、美这六个发达国家的金融体系的历史演进研究发现不同金融体系之间的收敛性是有限的，受到不同的金融制度影响。

目前很少有文献对我国农村金融排斥的收敛性进行分析，而对这个问题的研究不仅关系到农户能否享受到金融服务的基本问题，同时也是关系到农村各地区能否和谐发展。本书选取县（市）作为本书的研究样本具有一定的现实意义，县域经济是国民经济体系的基础和关键环节，农村包容性金融的发展将更好地促进县域经济实现包容性增长。而且使用县（市）级层面数据对我国农村金融排斥收敛性进行分析，可进一步丰富金融排斥收敛方面的研究。因此，本书使用县（市）的数据对我国农村金融排斥的空间差异及收敛性进行研究非常必要。

3.2.2 研究方法与数据来源

3.2.2.1 收敛性模型

学者们研究发现，经济意义上的收敛在金融领域同样适用。金融体系的收敛性可分为：σ收敛（σ-convergence）、β收敛（β-convergence）和"俱乐部收敛"（Club-convergence）。对这三种收敛的介绍如下：

（1）σ收敛。σ通常是指研究对象的标准差，对σ收敛简单的理解就是研究对象的标准差随时间变小。假设本书用金融排斥指数（IFE）来衡量经济体的金融排斥度，σ收敛则指各经济体的IFE对数值的变异系数随着时间的变化下降。σ收敛的检验方程为：

$$\sigma_t = \sqrt{\frac{1}{n}\sum_{i=1}^{n}\left(\log IFE_{i,t} - \frac{1}{n}\sum_{i=1}^{n}\log IFE_{i,t}\right)^2} \tag{2}$$

$$CV = \sigma_t / \log IFE \tag{3}$$

其中，i代表经济体，一共为n个，t表示期初，$t+T$表示期末；σ_t为时间t时各经济体IFE对数值的标准差。用σ_t来表示其离散水平是无法反映各区域之间的真实离散度的，而采用变异系数（CV）可以克服这种平均金融排斥度的影响。本书用变异系数来对农村金融排斥的收敛性做出总体判断，如果$CV_{t+1}<CV_t$，说明我国农村金融排斥存在σ收敛。

（2）β收敛。β收敛是针对农村金融排斥的下降速度而言的，是指金融排斥度初始水平较高的经济体比初始水平较高的经济体有更高的下降率。β 收敛又可以分为 β 绝对收敛和 β 条件收敛。β 绝对收敛不考虑不同经济体之间结构上的差异，检验绝对 β 收敛的目的是确定农村金融排斥较高地区能否赶上较低地区，如果方程（3）的回归结果取决于初期的农村金融排斥度，且不受其他附加变量的影响，那么就属于 β 绝对收敛。检验 β 绝对收敛一般采用下述方程：

$$\gamma_{i,\,t,\,t+T} = a - \beta \log \text{IFE}_{i,\,t} + \varepsilon_{i,\,t} \tag{4}$$

其中，$\gamma_{i,t,t+T}$ 为单位时间 logIFE 的增长率，α 为常数项，$\varepsilon_{i,t}$ 为误差项。

检验 β 条件收敛的目的则是检验其能否收敛到自身稳定状态。β 条件收敛放弃了各个经济体结构相同的假设，认为各个经济体的金融排斥下降速度会受到其制度和结构因素的影响。然而，目前的文献表明了，农村金融包容不仅取决于初期的农村金融排斥度，而且也受到诸如地理位置、人均 GDP、城镇化水平、受教育水平、城乡收入差距、信息技术、就业率、商业环境等其他因素的影响。

检验 β 条件收敛采用的方程为：

$$\gamma_{i,\,t,\,t+T} = a - \beta \log \text{IFE}_{i,\,t} + \psi X_{i,\,t} + \varepsilon_{i,\,t} \tag{5}$$

其中，Ψ 是系数矩阵，$X_{i,t}$ 为影响收敛的其他变量矩阵。

（3）"俱乐部收敛"。"俱乐部收敛"指初期经济集团内部经济体之间的金融排斥度接近，且在具有相似制度和结构特征的情况下趋于收敛。即金融排斥较低的经济体集团和金融排斥较高的经济体集团各自内部存在着条件收敛，而集团之间却没有收敛的现象。比如将我国划分为东、中、西部，如果三大区域内部金融排斥收敛明显，而三大区域之间却不存在收敛现象，则本书认为存在"俱乐部收敛"。对各区域的收敛用 β 绝对收敛的方法进行检验。

"俱乐部收敛"的检验方程为：

$$\gamma_{i,\,t,\,t+T} = a - \beta \log \text{IFE}_{i,\,t} + \varepsilon_{i,\,t} \qquad\qquad (6)$$

其中，$\gamma_{i,t,t+T}$ 为单位时间 $logIFE$ 的增长率，α 为常数项，$\varepsilon_{I,t}$ 为误差项。$\gamma_{I,t}$ 为 t 年间区域 i 的农村金融排斥的平均增长率；$\text{IFE}_{i,t}$ 为基期区域 i 的农村金融排斥指数；α 为常数项，β 为待估参数，$\varepsilon_{i,t}$ 为随机扰动项。如果 β 为正值，就称这 n 个区域间呈现俱乐部收敛；若 β 为负值，则表明 n 个区域间趋于发散。

3.2.2.2　数据来源

本书以上变量的数据时间段为 2006—2009 年；数据来源于 2007—2010《中国县（市）社会经济统计年鉴》、我国银监会官方网站中农村金融图集搜集的 2006—2009 年各个县市的银行类和经济类统计数据、国研网县级经济数据以及 2010 年各个省份的统计年鉴。剔除统计偏差的异常值后，共计 1728 个县（市），4 年共 6912 个样本。

3.2.3　我国农村金融排斥的空间差异分析

从表 3-3 可看出，区域间金融排斥水平同样存在一定差异，西部地区 IFE 均值较高，平均达 0.687，同时变异系数最高，平均为 0.098，表明西部地区县（市）金融排斥相对较高的同时发展不均衡。中、东部地区 IFE 均值相对较低，分别为 0.667 和 0.636，但相对于西部，中、东部地区农村金融排斥度相对均衡，变异系数都为 0.070。

表 3-3　2006—2009 年我国各个县（市）分区域的统计描述

	IFE 均值	标准差	最小值	最大值	变异系数	观测数
东部	0.636	0.048	0.457	0.836	0.070	464
中部	0.667	0.048	0.456	0.836	0.070	541
西部	0.687	0.062	0.376	0.802	0.098	722

表 3-4 是农村金融排斥各维度指数的平均数及各维度指数对总金融排斥度的贡献率，考虑到样本数量较多及东、中、西发展的不平衡，本书将样本县（市）划分为东、中、西部，并计算了三大区域平均的金融排斥指数及各维度的平均指数。从表 3-4 可看出，东、中、西部地区金融排斥度依次递增。

表 3-4　　　　农村金融排斥指数的各个维度

	金融排斥指数的各个维度					IFE
	1	2	3	4	5	IFE
东部	0.74	0.82	0.52	0.66	0.54	0.66
中部	0.64	0.79	0.72	0.71	0.68	0.71
西部	0.58	0.87	0.78	0.73	0.64	0.72
全国	0.62	0.80	0.75	0.72	0.67	0.71

注："1"表示每万人金融机构网点数；"2"表示每百平方公里金融网点数；"3"表示人均储蓄/人均 GDP；"4"表示人均贷款/人均 GDP；"5"表示每千人贷款账户数。

3.2.4　农村金融排斥的 σ 收敛分析

2006—2009 年，我国 1728 个县（市）金融排斥的变异系数总体呈下降趋势，说明我国农村金融排斥存在 σ 收敛。除 2008 年的变异系数高于其他年份，达 0.095，总体变异系数从 2006 年的 0.094 下降到 2009 年的 0.085，表明这一时期我国农村地区金融排斥呈现空间收敛趋势，农村金融排斥的区域差距以较快速度缩小。同时从表 3-5 可看出我国农村地区金融排斥的平均值从 2006 年的 0.638 上升到 2009 年的 0.682，表明我国农村金融排斥的建设慢于经济增长及农村金融排斥的建设在低水平进行。

表 3-5　　2006—2009 年农村金融排斥的 σ 收敛分析

年份	平均值	中位数	变异系数	最小值	最大值	观测数
2006	0.638	0.642	0.094	0.337	0.826	1728
2007	0.658	0.661	0.088	0.425	0.830	1728
2008	0.658	0.662	0.095	0.336	0.858	1728
2009	0.682	0.687	0.085	0.407	0.845	1728

3.2.5　农村金融排斥的 β 收敛性分析

（1）农村金融排斥的绝对收敛性分析

本书要研究的金融收敛性是指，金融排斥越高的县，潜在包容性金融发展速度越快。利用 2006—2009 年各县的 IFE 变化度量该时期金融排斥程度，各县金融排斥指数的初始值为 2006 年的 IFE 值。回归方程采用 β 绝对收敛方程：此处为第 i 个县的对数化 IFE 变化，即 2006 年第 i 个经过对数化处理的 IFE 值。从表 3-6 可看出，2006—2009 年间我国县域金融排斥是收敛的，同时收敛速度与初始值相关，这意味着县域金融排斥的收敛属于 β 收敛，即原来金融排斥越高的县，包容性金融发展增速越快。由此认为我国县域经济的金融排斥水平存在 β 绝对收敛的趋势。

表 3-6　　　　　　　2006—2009 年农村金融
排斥的 β 绝对收敛分析

Variable	Coefficient	Std. Error	t-Statistic	Prob.
β	−0.206	0.008	−26.517	0.000
C	−0.026	0.002	−13.929	0.000
F−statistic	703.130	R−squared		0.119

表3-6(续)

Variable	Coefficient	Std. Error	t-Statistic	Prob.
Prob（F-statistic）	0.000	Adjusted R-squared		0.119
Log likelihood	12023.41	Durbin-Watson stat		1.767

（2）农村金融排斥的条件收敛性分析

β条件收敛是在β绝对收敛方程的基础上引入新变量，新变量的引入可据具体情况而定。综合已有研究，地理位置、人均GDP、城镇化水平、受教育水平、城乡收入差距、信息技术、就业率、商业环境等是影响各地区农村金融排斥的重要因素。本书选取各县（市）所处的东、中、西地理位置、人均GDP、非农人口占总人口比例、每百人在校中学生人数、城乡收入差距、每百人本地电话使用比例、就业率及每百人中个体工商户和小企业数的比例等指标作为决定农村金融排斥收敛的条件。

利用EViews3.1软件对农村金融排斥进行β条件收敛检验，结果如表3-7所示。通过分析可知，影响我国农村金融排斥呈β条件收敛的首要因素是信息技术，加入信息技术这一条件后，β估计值达到0.171。另两个重要因素是商业环境和受教育水平，其β估计值分别为0.130和0.123。其他引入条件如城镇化水平、人均GDP、地理位置、城乡收入差距、就业率对我国农村金融排斥呈β收敛也均有不同程度的促进作用。这说明商业环境、受教育水平、人均GDP、城镇化水平、地理位置、城乡收入差距、就业率等动态变量均为影响我国农村金融排斥收敛性的重要变量。如果政策制定者在适度调控的前提下控制以上动态变量，可促使我国各个县（市）农村金融排斥收敛于各自的稳态。

表 3-7　2006-2009 年农村金融排斥的 β 条件收敛分析

条件变量	β 值	R 值	t 值	F 值	DW 值
信息技术	0.171	0.074	-18.585	206.532	1.658
商业环境	0.130	0.050	-15.023	137.160	1.643
受教育水平	0.123	0.048	-14.409	130.715	1.663
城镇化水平	0.118	0.033	-13.354	89.252	1.663
人均 GDP	0.115	0.033	-13.195	87.242	1.663
地理位置	0.114	0.034	-13.364	91.529	1.658
城乡收入差距	0.111	0.032	-13.023	85.336	1.666
就业率	0.106	0.046	-12.601	125.752	1.644

注：8 个变量均进行了对数化处理。

3.2.6　农村金融排斥的"俱乐部收敛"分析

整体上我国县域金融的排除呈现 β 收敛的特征，那么地区之间是否有所差异呢？下面设置虚拟变量对东、中、西部县域进行分析。

设 west = 1 表示西部地区的县，设 east = 1 为东部地区的县。回归方程如下：

$$\gamma_{i,t+T} = c + a_1 \text{west} + a_2 \text{east} + a_3 \log\text{IFE} + a_4 \text{west} * \log \text{IFE}_{i,t} + a_5 \text{east} * \log \text{IFE}_{i,t} + \varepsilon_{i,t} \tag{8}$$

这里 a_4 和 a_5 分别度量西部和东部地区相对中部地区金融排斥收敛（发散）的相对快慢程度。该值为正，说明该地区相对中部地区更加发散；该值为负，说明该地区相对中部地区更加收敛，该负值的绝对值越大，说明其收敛速度越快。回归结果如表 3-8：

表 3-8　2006—2009 年农村金融排斥的"俱乐部收敛"分析

Variable	Coefficient	Std. Error	t-Statistic	Prob.
west	0.034	0.010	3.493	0.001
east	0.020	0.011	1.748	0.081
west $*$ logIFE$_{i,t}$	0.066	0.021	3.076	0.002
east $*$ logIFE$_{i,t}$	0.057	0.026	2.176	0.030
logIFE$_{i,t}$	−0.042	0.018	−2.344	0.019
C	−0.005	0.005	−1.138	0.255
F-statistic	122.608	R-squared		0.084
Prob（F-statistic）	0.000	Adjusted R-squared		0.075
Log likelihood	8768.593	Durbin-Watson stat		1.712

从表 3-8 可以看出，回归方程对应的系数都是显著的，west $*$ logIFE$_{i,t}$ 和 east $*$ logIFE$_{i,t}$ 分别表示 east 和 west 与 logIFE$_{i,t}$ 的交叉项，考虑到虚拟变量的取值情况，只有中部地区对应的系数均显著为负，表现出收敛性，西部地区和东部地区呈发散状态。这表明了我国区域间农村金融排斥不存在"俱乐部收敛"。

3.3　本章结论

首先，对 2009 年我国农村金融排斥现状的描述分析看出，全国及各个省（市）金融机构网点分布不均匀且农村金融密度偏低、资金外流严重、贷款投放比例小，农户及中小企业获取贷款比例偏低。

其次，本书采用 σ 收敛、β 收敛和"俱乐部收敛"3 种分析方法，使用我国 2006—2009 年 1728 个县（市）的数据，以

IFE（金融排斥指数）为衡量指标，对我国农村金融排斥收敛性进行了分析，并对影响农村金融排斥的关键因素进行了 β 条件收敛的检验。研究表明：东、中、西部地区农村金融排斥依次上升，从构成农村金融排斥的各指数贡献率看，每百平方公里的网点数过低导致了较高的金融排斥度，其次是人均储蓄/人均 GDP、人均贷款/人均 GDP、每千人贷款账户拥有量等指标，对农村金融排斥贡献最低的是每万人的金融网点数。我国农村地区金融排斥总体存在 σ 收敛并表现出明显的 β 绝对收敛特征。控制地理位置、人均 GDP、城镇化比例、受教育水平、城乡收入差距、信息技术、就业率和商业环境后，我国农村地区金融排斥表现出 β 条件收敛；东、中、西三大地区不存在"俱乐部收敛"，即东、西部地区呈现发散，中部地区表现收敛。因此，为了促进我国农村金融排斥的收敛性，政策制定者需要考虑增设金融网点，着力提高农村地区金融服务覆盖面。监管部门要积极鼓励各类社会资本进入农村地区设立金融机构；要建立互补有序、协调发展的农村金融资源配置体系；普及金融服务的新技术；加快农村城镇化、工业化、农业产业化进程，推动县域经济发展。

4　我国农村金融排斥的诱因

减轻金融排斥进而构建包容性农村金融体系是实现我国农村经济包容性增长的核心组成部分。通过金融排斥诱因理论综述，本书从需求引致、供给诱导及社会环境三方面构造了农村金融排斥的影响因素。通过使用来自我国 1765 个县（市）的数据，本书实证分析了社会经济特征、信息技术及银行不良资产的比例、是否居住在少数民族地区、地理位置特征等对农村金融排斥的影响。实证研究的结果将对我国农村包容性金融体系的建立具有一定的指导意义，同时也是后文研究的基础。

4.1　引言

现实中，学者们发现甚至一些发达的金融体系国家比如美国和英国都普遍存在金融排斥，并且一定的人群仍然被排除在正式的金融体系之外（Sarma，2010）。如何测度不同地区的金融排斥以及找出金融排斥的影响因素成为了学术上的一个重要议题（Beck，2007）。作为世界发展中的大国，我国的金融排斥状况也越来越引起人们的关注，2008 年世界银行中国代表处发表报告，建议我国拓展金融服务的渠道，提高对穷人和中小企业的金融服务支持。而城乡二元经济的巨大差异，也使我国农村地区遭受相对更为严重的金融排斥。那么，什么因素导致我国农村部分群体的金融排斥？

目前国内文献并没有对金融排斥的诱因进行系统的梳理，导致研究结论不全面，而且由于数据缺乏，目前的文献大多都是使用单个年份31个省的数据（田霖，2007，2011；许圣道，2008；高沛星，2011）或49个国家的样本数据（Sarma，2010）或99个国家的样本数据（Beck et al.，2007），而小样本数据会影响到结果的精确性。

本书通过使用金融排斥指数，结合2009年的数据来测算我国1765个县（市）的农村金融排斥度，这克服了以往文献中样本量少，误差比较大的缺点，而且，使用县级层面的数据避免了使用省级层面数据所忽略的省内不同农村地区的发展差异。本书将根据计算出来的指数，综合目前已有文献的研究，比较全面地分析导致我国农村金融排斥空间差异的因素。

4.2　理论假说

通过前文金融排斥诱因理论综述，本书从需求引致、供给诱导及社会环境三方面构造了农村金融排斥的影响因素。考虑到数据的可获得性，本书不能对全部理论进行检验，因此，本书提出如下的待检验理论假说：

H1：在其他条件不变的情况下，收入越高、就业比例越高、信息技术水平越高、金融教育越充分、GDP增长率越高、政府支持力度越强、城镇化比例越高、商业化程度越高，则金融排斥程度越低。

H2：在其他条件不变的情况下，城乡收入差距越大、位于中、西部地区、少数民族地区，则农村金融排斥程度越高。

H3：在其他条件不变的情况下，银行不良资产比例越高，则金融排斥程度越低。

4.3　农村金融排斥影响因素与分析模型的选择

4.3.1　影响因素与模型的选择

根据本书以上的理论假说，考虑到数据的可得性以及参考 FSA（2006）、田霖（2007，2011）、Beck et al.（2007）、许圣道（2008）、徐少君（2008）、Sarma（2010）以及高沛星（2011）等的研究成果，本书构造了 12 个具体变量：①Log Income 表示居民可支配收入（对数化处理），金融排斥首先是收入的函数，国内外相关的研究表明了，收入水平对个人可能遭受的金融排斥具有决定性作用（Kempson 和 Whyley，1999；徐少君，2008，2009；李涛，2010）。保持其他控制变量不变，低收入显著增加了金融排斥的机率，因此，本书用各县（市）居民人均可支配收入（取对数）作为金融排斥的解释变量之一。②Urbanization 表示城镇化比例。城镇化比例越高，农村金融排斥程度越低，本书用城镇人口比总人口来表示。③Inequality 表示不平等，目前文献对不平等有多种表示方式，但是鉴于城乡收入差距是目前最重要的不平等及考虑到数据可得性，本书采用这个指标。④GDP-growth 表示 GDP 增长率。反映地区经济发展的宏观环境优劣，本书用各个县（市）年均 GDP 增长率来反映。⑤Business 表示商业文化环境。商业文化环境为金融创新和金融发展提供外部条件，本书用各地区每万人中的个体工商户和中小企业数来度量。⑥Education 又称为金融教养（Financial Literacy）。受教育程度高的居民表现出来的金融素养也使金融机构倾向于将其作为首选的客户，而且金融知识的代际遗传使富裕家庭的孩子更容易掌握金融产品的使用方法。另外，后天金融教育的薄弱也会导致金融排斥的发生。由于中学教育在我国整个教育体系中的重要地位，本书用各个县每万人在校中学生人数近似反映。⑦Employ 表示就业状况。就业会影响到个人的收入或通过工资的发放、汇款来影响个人的金融市场参与。这里采用各个县（市）就业人员所占比例作为度量指标。⑧Restrict 表示政府对城乡经济的支持力度，用政府总的财政支出近似替代反映。⑨Non-p-credit 表示银行不良资产比例，用银行不良贷款比各项储蓄和贷款的总和来近似表示。⑩Information表示信息技术水平。手机技术在农村和城市贫民区的普及，将有助于弥合数字鸿沟（Digital Divide），且便利于居民采用主流金融服务。本书采用各个县（市）固定电话、移动电话普及率反映不同区域的信息技术水平。⑪Location 表示地理特征的虚拟变量，以反映地域差别的影响。本书假定东、中、西部地区金融排斥程度逐渐增强，因此，西部地区取值为3，中部取2，东部取1。⑫Mino 表示民族差异。该指标是一个虚拟变量，反映区域的民族构成。民族的差异也会造成金融排斥，特别是低收入的少数民族聚集区，因此少数民族聚集地区赋值1，其他地区赋值0。

以上影响因素和农村金融排斥的关系可以用如下的理论模型来表示：

IFE＝F（Loginome，Employ，Education，GDP-growth，Business，Inequality，Urbanization，Restrict，Non-p-credit，Information，Location，Mino）

IFE 指数值在 0 到 1 之间，本书考虑采用 Logit 模型的形式对金融排斥指数进行转换，转换后的方程是一个 Logit 函数，描述如下：$Y = \ln\left(\dfrac{IFE}{1-IFE}\right)$，这样转换后的因变量在负无穷到正无穷之间。这允许本书使用经典的 OLS 回归。转换后的变量是一个关于 IFE 的单调递增的函数，并且保持了和 IFE 相同的次序。

回归方程的一般形式如下：$Y = a_0 + a_1X_1 + a_2X_2 + \cdots + a_nX_n + \varepsilon$；

X_1、X_2……X_n 表示回归变量，a_1、a_2 是待估计的参数，ε 是随即误差项。Y 的变化比例关于变量 X 的线性方程估计表示成如下：$\dfrac{dY}{dX} = \dfrac{a_i exp\ (a_ix_i)}{(1+exp\ (a_ix_i)\ )^2}$。因此，$Y$ 相对于单位 X 的变化而改变是由 a_i 和 X_i 决定的。

4.3.2 样本数据

本书以上变量的数据时间段为 2009 年的统计数据；数据来源于 2010 年《中国县（市）社会经济统计年鉴》、我国银监会官方网站中农村金融图集搜集的 2006—2009 年各个县（市）的银行类和经济类统计数据，以及 2010 各个省（市）的统计年鉴。

对各个度量进行描述统计见表 4-1。

表 4-1　　　　　　　　各个变量的描述统计

变量	平均值	中位数	标准差	最小值	最大值	观测数
IFE	0.712	0.719	0.053	0.427	0.867	1765
Log Income	4.087	4.090	0.156	3.200	5.708	1765
Employ	0.520	0.523	0.100	0.111	0.983	1765
Education	0.057	0.055	0.019	0.012	0.447	1765
Information	1.717	1.383	1.339	0.068	21.438	1765
Business	0.025	0.021	0.019	0.003	0.291	1765
Urbanization	0.246	0.199	0.163	0.041	0.991	1765

表4-1(续)

变量	平均值	中位数	标准差	最小值	最大值	观测数
Inequality	2.902	2.597	1.427	0.508	29.005	1765
Restrict	0.248	0.172	0.248	0.043	2.400	1765
GDP-growth	0.136	0.135	0.060	-0.200	0.626	1765
Non-p-credit	0.119	0.084	0.112	0.002	0.887	1765
Location	1.965	2	0.832	1	3	1765
Mino	0.301	0	0.459	0	1	1765

4.4 实证分析

4.4.1 样本统计分析

表4-2是农村金融排斥各个维度的指数的平均数及各个维度的指数对总的金融排斥度的贡献率，考虑到样本数量比较多以及我国东、中、西发展的不平衡性，本书将样本县（市）划分为东、中、西部①，并计算了三大区域平均的金融排斥指数及各个维度的平均指数。从表4-2中可以看出，东、中、西部地区金融排斥度依次递增，从金融排斥的各个指数贡献率看出，每百平方公里的金融网点数过低导致了比较高的金融排斥度，其次是人均储蓄/人均GDP、人均贷款/人均GDP、对金融排斥贡献最低的是每万人的金融网点数，以上顺序也表明了降低金

① 东部11省（市、区），中部9省（市、区）和西部11省（市、区）。东部包括河北、北京、天津、山东、江苏、上海、浙江、福建、辽宁、广东和海南，中部包括山西、安徽、江西、河南、湖北、湖南、黑龙江、吉林和内蒙古，其他为西部。

融排斥需要依次从以上各个方面着手。

表 4-2　　　　　农村金融排斥指数的各个维度

指标	各个维度的指数					IFE	各个指数贡献率（％）				
	1	2	3	4	5	IFE	1	2	3	4	5
东部	0.63	0.73	0.76	0.72	0.69	0.70	18	21	22	21	20
中部	0.64	0.79	0.72	0.71	0.68	0.71	18	22	20	20	19
西部	0.58	0.87	0.78	0.73	0.64	0.72	16	24	22	20	18
全国平均	0.62	0.80	0.75	0.72	0.67	0.71	17	22	21	20	19

注："1"表示每万人金融机构网点数；"2"表示每百平方公里金融网点数；"3"表示人均储蓄/人均 GDP；"4"表示人均贷款/人均 GDP；"5"表示每千人贷款账户数。

在进行实证分析之前，本书先要对农村金融排斥各影响因素之间的相关系数进行考察，表 4-3 显示了各影响因素之间的相关系数，从表中可以看出，各个变量之间的相关系数都小于 0.5，符合计量模型检验标准。

表 4-3　　　　　　　　变量之间相关系数分析

1											
-0.179	1										
-0.149	0.173	1									
-0.190	-0.017	0.090	1								
-0.433	0.284	0.095	0.126	1							
-0.370	0.244	0.183	0.106	0.344	1						
-0.318	0.132	-0.261	-0.007	0.363	0.269	1					
0.116	0.179	0.046	0.010	-0.205	-0.128	-0.175	1				
0.012	-0.301	-0.061	-0.002	-0.171	-0.146	-0.144	0.331	1			
0.043	0.027	-0.074	-0.112	0.031	0.098	0.118	-0.120	-0.067	1		
0.083	-0.175	-0.159	-0.015	-0.131	-0.154	-0.007	-0.028	-0.020	0.068	1	
-0.052	0.294	0.192	-0.101	0.208	0.105	0.029	-0.141	-0.311	-0.037	-0.120	1
0.204	-0.110	-0.035	-0.096	-0.090	0.002	0.007	0.228	0.352	0.053	-0.206	-0.184

4.4.2 回归分析结果与讨论

（1）社会经济特征因素

IFE 和社会经济因素的回归结果显示在表4-4中。社会经济因素变量包括人均收入、失业率、受教育程度、城镇化比例和城乡收入差距、政府对县域经济的支持力度、宏观经济增长率。本书发现了社会经济因素和 IFE 的显著相关性。人均收入在5%水平上负相关，这证实了理论表明的收入在金融排斥中的关键作用，也就是县域居民人均收入水平越高，农村金融排斥度越低。城乡收入差距和 IFI 指数在10%的水平上显著正相关，即县域内收入不平等程度越高，个人更有可能遭受高的金融排斥。这和 Kempson 和 Whyley（1998）、Buckland et al. （布克兰德，等）（2005）得出的收入不平等程度越高的国家越有可能存在相对高的金融排斥的结论相一致。受教育水平和农村金融排斥在1%的水平显著负相关，这表明了高的受教育水平会导致低的农村金融排斥。城镇化比例和农村金融排斥在1%的水平显著的负相关，这证明了地理排除的作用：住在农村地区的和远离城镇金融中心的人更有可能被排除在金融体系之外（Leyshon 和 Thrift，1995；Kempson，Whyley，2001）。就业率和农村金融排斥在1%的水平显著的负相关，这表明了未就业或没有稳定的工作，将会导致居民使用更少的金融服务。国外已有的研究已经发现通过自动转账支付报酬成为主要的影响金融排斥的方式；政府对县域经济的支持力度与农村金融排斥在1%的水平显著的负相关，县级财政支出项目包括基本建设支出、农业生产支出、教育支出、社会保障支出和医疗卫生支出，这些都会通过不同的方式作用于到金融排斥的各个因素，从而最终对地区的金融排斥产生影响。GDP 增长率和金融排斥在1%的水平显著正相关，这表明了宏观经济增长如果不能让大多数的个人收入得到增加，不仅不会减轻金融排斥，反而会加重金融排斥。商业文化环境和金融排斥在1%的水平显著负相关，这证实了商业文化环境为金融创新和金融发展提供外部条件这一观点。

表4-4 农村金融排斥的影响因素分析

变量名称	Variable	Coefficient	Std. Error	t-Statistic	Prob.
社会经济特征	Log Income	−0.042	0.017	−2.533	0.011 **
	Employ	−0.154	0.024	−6.520	0.000 ***
	Education	0.000	0.000	−4.241	0.000 ***
	Business	0.000	0.000	−9.369	0.000 ***
	Urbanization	−0.159	0.015	−10.399	0.000 ***
	Inequality	0.003	0.002	1.901	0.057 *
	Restrict	−0.081	0.011	−7.742	0.000 ***
	GDP−growth	0.001	0.000	3.237	0.001 ***
信息技术	Information	0.000	0.000	−11.145	0.000 ***
社会经济特征	Non−p−credit	0.029	0.020	1.425	0.154
	Location	0.013	0.003	4.108	0.000 ***
	Mino	0.063	0.005	11.486	0.000 ***
	C	0.731	0.067	10.986	0.000 ***

Adjusted R−squared = 0.358720；Number of observation = 1765。

* 代表在10%水平下显著，** 代表在5%的水平下显著，*** 代表在1%的水平下显著。

（2）信息技术水平

表征信息技术水平的每千人电话使用比例和农村金融排斥在1%的水平显著负相关，这表明了信息的通畅性在金融排斥性中扮演了重要的角色。这和 Beck（2007）的结论是一致的，他发现电话网络和银行网点的延伸是正相关的。农村信息技术的完善，将提高农业的科技化程度，拓宽农产品融资渠道，增加农民收入，降低金融排斥；同时拥有电话的农户逐渐接受和采纳高科技金融服务也引致金融排斥减小（田霖，2011）。限于数据的可获得性，本书未分析表示信息技术水平的其他方面，比如电脑普及率、互联网普及率及当地的公路网。

（3）其他因素

本书发现银行不良资产的比例和金融包容性不存在相关性，而且相关系数为正，表明这和以往的观点认为银行及银行类金融机构通过提供信贷给小企业和低收入的人群，导致了不良贷款比例上升，从而增强金融包容性的结果是相对立的。我国少数民族聚居区农村金融排斥严重，且在1%的水平上显著，相关系数相对高，这证实了文献已经确认的农村金融排斥是广泛存在的社会排除的问题的一个反映，被排除在金融体系的是那些属于低收入的人群，少数民族群体等（Kempson 和 Whyley，1998；Connolly 和 Hajaj（康诺利和哈加吉），2001；Barr（巴尔），2004）。地区位置在1%的水平上和金融排斥显著正相关，也就是越接近中、西部地区，越有可能遭受相对较高的农村金融排斥。

4.5 本章结论

（1）根据最新的 IFE（金融排斥指数），通过对我国1765个县域的金融排斥指数测算分析，结果表明：从构成农村金融排斥的各个指数贡献率看，每百平方公里的金融网点数过低导致了比较高的金融排斥度，其次是人均储蓄/人均 GDP、人均贷款/人均 GDP、每千人贷款账户拥有量等指标对农村金融排斥有明显的影响，对农村金融排斥贡献最低的是每万人的金融网点数。因此，要增设金融网点，着力提高农村地区金融服务覆盖面。为了使被传统金融体系所排除的农村弱势群体能获取金融服务，监管部门要积极鼓励各类社会资本进入农村地区设立金融机构，解决农村地区金融机构因为竞争不充分、网点覆盖率低等问题所导致的金融供给不足。要引导金融资源向欠发达地区流动，这是各个地区金融协调发展的关键所在。

（2）对影响农村金融排斥因素的经验性分析表明：表征社会经济特征的人均收入越多、就业率越高、金融教育水平越充分以及商业化程度越高、城镇化比例越高、政府对经济发展的支持力度越强，农村金融排斥越低；用城乡收入差距表示的不平等程度越高，农村金融排斥度越高。中、西部地区、少数民族地区更有可能遭受较高的农村金融排斥。因此，要加快农村城镇化、工业化、农业产业化进程，推动县域经济发展。

研究结果还表明，信息技术使用比例越高，农村金融排斥越低。普及金融服务的新技术，可有效减少农村金融排斥。银行业金融机构要总结推广和不断创新金融服务方式，研发推广适合当地农户服务需求的金融业务产品，积极发展现代支付工具，如电话银行、手机银行等，提高空白乡镇金融服务的充分性与多样性。各县域银行类金融机构应着力布设 ATM 机等自助设备，做到金融服务全覆盖，让农民共享科技金融的便捷性。

5 我国农村金融排斥的后果

农村金融排斥将对我国农村经济发展产生多方面的影响，严重影响和谐社会主义新农村的构建。对金融排斥导致的后果的综述从理论上归纳总结了金融排斥对生产率、收入分配和贫困的影响，并指出了目前文献实证研究的不足。本书将使用来自我国县域农村层面的数据实证分析农村金融排斥对农村生产率、城乡收入差距和农户收入的影响，为金融排斥对以上三个方面的影响提供来自我国县域农村的经验证据。

5.1 我国农村金融排斥对农村生产率影响的实证分析

5.1.1 引言

King 和 Levine（1993）等学者首次证明了金融发展通过资本积累能够改变技术，促进经济增长，从而清晰地反映了金融与经济增长之间的联系。随着内生经济增长理论的深入发展，学者们研究发现金融发展通过对经济增长效率的影响来促进经济增长，从而补充了金融发展与经济增长之间的作用机制。同金融发展和资本积累两者之间的关系相比，金融中介发展与生产效率之间的关系反而更为紧密。即提高宏观经济效率是金融中介发展影响经济增长的重要动力。有效的金融部门能够减少交易成本和信息成本，促使资本的配置更加有效率，从而对实体经济产生了影响。资本的配置不仅决定了金融部门自己的效率，而且决定了经济体系其他部门的效率，因而金融发展会对生产率有正向的作用（Mishkin（米什金），2005）。我国当前的县域农村包容性金融发展对农村生产率影响程度如何，是促进还是抑制？

国内外大量的文献对金融发展的生产率效应进行了理论和经验分析（张军，2005；袁云峰，2007；姚耀军，2011），然而，已有的文献对金融发展的研究主要关注于金融深度，即主要是用金融发展的规模和效率来表示。最新的金融发展理论表明，金融发展不仅包括金融深度，还包括金融宽度。金融宽度也叫包容性金融，其反面是金融排斥。金融深度是指金融机构种类和数量的增长，而金融宽度强调金融服务的可得性，即指人们在经济活动中能够使用更多便捷的金融服务。由于数据的获取比较难，目前鲜有文献实证分析我国农村金融排斥对农村生产率的影响，本书使用来自我国1867个县（市）数据的实证分析表明，我国农村金融排斥对农村生产率有负的影响，本书的结论为构建我国县域农村包容性金融体系，进而提升农村生产率，促进农村经济增长提供了依据。

5.1.2　经验模型、指标与数据来源

（1）检验模型的设定

通常测度效率有两种方法，即随机前沿分析（Stochastic Frontier Analysis，SFA）和数据包络分析（Data Envelopment Analysis，DEA）。本书用随机前沿分析法对我国农村经济的生产技术效率进行测度，并深入探究影响技术效率的因素。本书没有选取DEA一方面是因为该方法统计特征没有SFA明显，不能

对模型中相关的参数进行检验；二是 SFA 的生产前沿是随机的，更加符合现实，而 DEA 的生产前沿是固定的，忽略了样本之间的差异性（朱承亮，2009）。与 DEA 方法相比，SFA 采用特定的函数形式，更适合应用于经济学理论的分析。本书根据 Coelli 和 Battese（科艾丽和贝提思，1995）模型的基本原理，运用超越对数生产函数对 2009 年我国 1867 个县（市）样本数据进行分析，对前沿生产函数和技术无效率影响因素同时进行估计，具体模型如下：

$$\log Y = \alpha_0 + \alpha_l \log L + \alpha_k \log K + \alpha_t t + 1/2\,\beta_{kk}(\log K)^2 + 1/2\,\beta_{LL}(\log L)^2 + 1/2\,\beta_{tt} t^2 + \beta_{LK}(\log L)(\log K) + \beta_{Lt}(\log L)t + \beta_{tk}(\log K)t + (v - u) \tag{1}$$

$$U = Z\delta + \omega \tag{2}$$

$$\sigma_s^2 = \sigma_v^2 + \sigma_u^2 \quad \Upsilon = \sigma_u^2 / \sigma_s^2 \tag{3}$$

$$TE = \exp(-u) = \exp(-Z\delta - \omega) \tag{4}$$

①式中，Y 表示产出，K 和 L 分别表示资本和劳动力要素投入向量，t 是测度技术变化的时间趋势变量，β 表示需要估计的系数。随机误差项包含两个部分：v 和 u。它们分别相互独立，其中 v 表示经济系统不可控因素（如观测误差等）冲击的噪声误差，服从对称的正态分布 $N(0, \sigma_v^2)$，u 为非负随机变量，代表非技术效率项；它们之间相互独立，并且服从零点截断正太分布 $N(Z\delta, \sigma_u^2)$。

②式中技术非效率被视为效率影响因素和随机变化的函数，Z 表示效率影响因素 $(j*1)$，ω 表示随机扰动项，$\delta(j*1)$ 为待估计系数。

③式主要是通过 Υ 判断模型是否能够成立，如果非效率影响因素较小，即 u 在残差中的比例不大，那么对非效率影响因素的分析就失去了意义。因此特别引入了 Υ 对模型进行判断。当 Υ 接近于 0 时，表明实际产出与可能最大产出的差距主要来自不

控制因素造成的噪声误差，这时直接使用普通最小二乘法（*OLS*）即可实现对生产参数的估计，而没有必要采用随机前沿模型；Υ越趋近于 1，越能说明前沿生产函数的误差主要来源于随机变量 u，采用随机前沿模型对生产函数进行估计也就越合适。

④式表示生产技术效率。

（2）指标的选择

产出指标用地区的 GDP 来表示，投入劳动力（L）用地区总的就业人数表示，资本的数据无法获取，本书用当地城镇固定资产投资来替代表示。

影响农村生产率的因素包括农村金融排斥的发展程度和政府财政支出比例，对每个指标的具体解释如下：①金融排斥指数（IFE）。②政府财政支出（GEB）。政府财政支出的增加与全要素生产率之间存在着显著的负向关系，即政府支出比重越大，生产率增长就越慢。一般来说，政府财政支出越高，说明经济市场化程度越差，政府干预的力度也越大，因而越不利于生产率的增长。本书采用地方财政支出占当期 GDP 的比重来衡量地方政府经济行为。

（3）本书的数据介绍

本书选取 2009 年我国 1867 个县（市）作为研究样本，考察我国县域农村金融排斥对生产率的影响，其中县（市）样本的选择来源于《中国县（市）社会经济统计年鉴》公布的县（市）。农村包容性金融数据来源于我国银监会官方网站中农村金融图集公布的 2009 年全国各个县市的银行类和经济类统计数据，其他变量的数据来源于 2010 年《中国县（市）社会经济统计年鉴》中县（市）社会经济主要指标部分、国研网区域经济数据库中县级经济指标数据。剔除数据缺失或数据不合格的样本县（市），本书最终选取了 1867 个县（市）作为本书的样本数据，占我国总县（市）的 90.1%，能够代表我国农村地区。其中，东部地区 537 个县（市），中部 562 个县（市），西部 768 个县（市）。

5.1.3 我国农村金融排斥对农村生产效率的影响

相关影响的检验结果见表 5-1。

表 5-1 农村金融排斥对农村生产效率影响的检验结果

变量		各个维度（1）	整体（2）
Ln（L）	$\beta 1$	0.40 ***	0.08
		(2.63)	(0.94)
Ln（K）	β_2	0.40 ***	0.47 ***
		(12.87)	(28.4)
T	β_3	0.62 ***	0.60 ***
		(36.13)	(46.28)
非效率函数			
GEB	δ_1	-3.50 ***	-0.65
		(-3.15)	(-1.37)
A_1	δ_2	0.47 ***	
		(5.87)	
A_2	δ_3	-0.74	
		(1.33)	
A_3	δ_4	2.30 ***	
		(4.60)	
A_4	δ_5	-0.38 ***	

表5-1(续)

变量		各个维度（1）	整体（2）
		（-3.17）	
A_5	δ_6	-0.87 ***	
		（-6.15）	
IFI	δ_7		-0.10 *
			（-1.64）
gamma	γ	0.37 ***	0.87 ***
		（6.77）	（14.82）
样本数		1867	1867

注：估计系数的上标 ***、**、* 分别表示在 1%、5% 和 10% 置信水平上显著，下面括号内为标准误。模型中的 γ 接近于 1，并且在 1% 的置信水平上显著，说明残差很大程度上可以由无效方程解释。

从表 5-1 可以看出，（1）、（2）式中 γ 分别为 0.37 和 0.87，并且在 1% 下显著。农村金融排斥对农村生产率的影响为负，和本书的理论预期相符合。我国发展良好的县域农村包容性金融体系通过动员储蓄、优化资源配置、分散风险、促进交易、监督县域农村中小企业管理来促进农村生产率的提高。从组成农村金融排斥的各个维度可以看出，贷款使用效用维度和产品接触维度的排除显著地抑制了农村生产率，每万人金融网点数维度和储蓄使用效用维度的排除反而促进了农村生产率。和理论预期不一致，表明我国这两个维度的发展促进农村生产率的功能没有发挥出来。

5.1.4 基于我国东、中、西三大地区的实证分析

相关影响的检验结果见表5-2。

表5-2 不同地区农村金融排斥对农村生产效率影响的检验结果

变量		东（3）	中（4）	西（5）
Ln（L）	β_1	−0.64 ***	0.75 ***	1.11 ***
		（−2.94）	（4.95）	（4.87）
Ln（K）	β_2	0.67 ***	0.39 ***	0.33 ***
		（18.96）	（14.03）	（10.24）
T	β_3	0.54 ***	0.55 ***	0.54 ***
		（21.33）	（24.03）	（25.17）
非效率函数				
GEB	δ_1	−0.038	−0.056	1.02 **
		（−0.11）	（−0.078）	（2.07）
IFI	δ_2	−0.00021	−0.13 **	−0.063
		（−0.027）	（−2.26）	（−1.13）
gamma	γ	0.0038	0.93 ***	0.78 ***
		（0.025）	（21.87）	（4.63）
样本数		537	562	768

注：估计系数的上标"***"、"**"、"*"分别表示在1%、5%和10%置信水平上显著，下面括号内为标准误。模型中的γ接近于1，并且在1%的置信水平上显著，说明残差很大程度上可以由无效方程解释。

从表5-2可以看出，东部地区γ为0.004，偏离1，并且不显著，因此不存在效率损失。中部地区γ为0.93，在1%的水平上显著，存在效率损失。可以看出农村包容性金融发展的生产率

效应在 5% 的水平上显著为正。西部地区γ为 0.78，在 1% 的水平上显著，但是金融排斥对生产率的影响不显著，表明了其他更为重要的因素在发挥作用。西部政府财政支出比例对生产率的影响显著为负，表明了西部地区政府干预过多，导致经济市场化程度变差，因而不利于生产率的增长。

东、中、西部农村地区资本的弹性显著为正，并且依次递减，这和我国东、中、西部地区县域农村经济发展差异的情况是相符合的。中、西部地区人力资本的弹性显著为正，表明了这两个地区还属于人力资本推动型发展。东部地区人力资本弹性为负，表明了东部农村地区已经从人力资本型发展转向投资推动型发展。

5.1.5 结论与讨论

本书使用来自我国 1867 个县（市）的数据，实证分析了我国农村金融排斥对农村生产率的影响。研究结果表明：

（1）从全国层面看，我国农村金融排斥对农村生产率的影响为负，其中组成农村包容性金融的贷款使用效用维度和产品接触维度的排除抑制了农村生产率增长。因此，当前要继续深化现行农村金融制度的改革。比如进一步落实和完善涉农贷款税收优惠、定向费用补贴、增量奖励等正向激励政策。与此同时，要积极引导涉农金融机构践行社会责任，加大农村金融资源的投入。

（2）从区域层面看，中部地区农村包容性金融发展的生产率效应为正，西部地区不显著，可能其他更为重要的因素在发挥着作用；东部地区不存在效率损失。针对农村金融排斥对东、中、西部地区生产率影响的差异，要适当加强农村包容性金融资源在中、西部地区的投入，促进三大地区农村生产率的共同提高。

5.2 我国农村金融排斥对城乡收入差距影响的实证分析

5.2.1 引言

消除城乡收入差距和促进农户收入增长，不能完全依靠大规模的城市化，不能完全依靠农民外出务工，也不能完全依靠大规模的财政"输血"，要有效缓解城乡收入差距，必须高度注重培育农村内生增长能力。作为县域经济核心的农村金融，在缩小城乡收入差距、构建和谐社会主义新农村中扮演着重要的角色。但是，当前我国农村地区遭受着严重的金融排斥，导致其无法享受现代金融服务，终将阻碍城乡统筹发展的进程。那么，我国的农村金融排斥和农户收入分配的关系具体如何？农村金融排斥到底是扩大还是抑制了城乡收入差距？已有的文献主要是从金融深度的角度研究了金融发展与城乡收入差距的关系（Kunt，Levine，2009；唐礼智，等，2008；陈志刚，王皖君，2009；王修华，2009）。由于数据的获取比较难，目前鲜有文献对我国农村金融排斥与城乡收入差距的关系进行实证分析，本书使用来自我国 1578 个县（市）的面板数据分析农村金融排斥对城乡收入差距的影响，这避免了以往文献使用省级层面的数据（唐礼智，等，2008；陈志刚，王皖君，2009；王修华，邱兆祥，2011）所忽略的省内各个地区发展差异所导致的误差，而且本书的结论为构建我国县域农村包容性金融体系提供了一定的依据。

本书使用来自我国 1578 个县（市）的数据表明了农村金融排斥会显著扩大县（市）内部城乡收入差距。因此，建设一个包容性农村金融体系，能够让人人都拥有接受金融服务的机会和渠道，将会更好地促进农村经济社会发展和推进县域内部城乡统筹发展，从而更好地实现和谐社会建设目标。

5.2.2　分析变量、数据统计与研究方法

（1）金融排斥指数（IFE）。

（2）城乡收入差距（CR）。衡量城乡居民收入差距的指标和方法有城乡居民人均收入比率、洛伦兹曲线、十等分组分析法、基尼系数、结构相对系数及泰尔指数等。考虑到数据的可得性及计算的方便，本书用县（市）中城镇居民人均可支配收入/农村人均纯收入表示城乡居民收入差距。

（3）教育发展水平（EDU）。反映城乡教育发展的总体趋势及其对城乡收入差距的长远影响。个人的人力资本水平越高，越可能得到高收入，反之越可能只得到低收入，而教育是提高人力资本水平的主要途径，因此，预期城乡人力资本差异对城乡居民收入差距产生同方向影响。考虑到中学教育对我国居民收入分配差距的重要影响以及数据可获得性，本书选取总人口中每百人在校中学生人数反映我国教育水平。

（4）城市化水平（UR）。一种观点认为城市化对缩小城乡收入差距有积极作用。如段景辉和陈建宝（2011）认为，在我国城乡二元经济中，城乡期望收入差距带来了劳动力流动，从而导致了要素报酬的均等化，缩小了城乡收入差距。还有一种观点认为城市化水平对城乡居民收入差距具有双重影响。如胡荣才和冯昶章（2011）认为农村剩余劳动力的转移，可以有效地提高农业生产率。农村剩余劳动力数量会随着城市化的推进而减少，减少的劳动力涌入城市，使城市劳动力竞争加剧。新增劳动力和原本的劳动力在工资水平上相差甚微，改善了农村劳动力低收入水平的状况，使城乡收入差距在一定程度上有所

减小，即极化效应得到缓解，回流效应增强。然而，基于城乡户籍制度的限制，农转非比例尚且不够，广大农村劳动力依然只能维持低水平的生活保障，不能享受城市居民的福利，长此以往会使极化作用加大，收入差距扩大。本书采用非农业人口占总人口的比重来度量城市化水平。

（5）产业结构（IS）。一种观点认为非农产业比重和城乡居民收入差距负相关。在工业化进程中，生产要素从边际生产效率较低的农业部门向边际生产效率较高的非农业生产部门转移，直到两个部门的边际生产效率相等为止。因此，某一区域内，非农产业在产业结构中的比重越高，意味着城乡收入差距可能会越小；还有一种观点认为传统农业部门生产效率比现代工业部门低下，加之我国农业生产没有完成机械化、现代化，且政府长期以来压低农产品收购价格，提高工业品销售价格，导致从事农业的农民收入水平和增长幅度都逊于城市居民，故预期农村非农产业比重扩大了城乡居民收入差距。本书采用第二、三产业产值的增加值占当期 GDP 的比重来表示产业结构（IS）。

（6）政府经济行为（GEB）。作为地方政府业绩重要考核指标的 GDP 增长率主要来自非农产业，因此，地方财政支出必然带有城镇倾向。地方财政支出占 GDP 比重越高，城镇地区从地方政府财政支出中获取的好处越多，城乡收入差距就越大。本书采用地方财政支出占当期 GDP 的比重来衡量地方政府经济行为。

（7）经济发展水平（RGDP）。本书用其来控制经济增长对城乡收入差距的影响。收入分配倒 U 型曲线假设表明了，城乡居民收入差距随着经济发展呈现先升高后下降的规律。韩旭和韩淑丽（2006）的研究发现，现阶段，我国居民收入水平处于收入差距拐点的左边，居民收入差距将继续扩大。苏基溶和廖进中（2009）的实证分析也表明了经济发展与收入分配之间的倒 U 型关系未得到印证。故本书预期经济发展水平对城乡收入差距具有正向影响。本书中用人均 GDP 表示我国县域的经济发展水平。

对各变量的统计学描述见表 5-3。

表 5-3　　　　　　各个变量数据的统计学描述

变量	平均值	中位数	标准差	最小值	最大值	观测数
CR	2.789	2.499	1.151	0.177	12.759	6312
IFE	0.656	0.660	0.060	0.265	0.859	6312
RGDP	0.144	1.081	1.141	0.105	8.850	6312
UR	0.223	0.184	0.147	0.011	1.000	6312
Edu	5.998	5.816	1.791	0.846	44.691	6312
GEB	0.194	0.145	0.175	0.013	2.401	6312
IS	0.751	0.756	0.125	0.194	0.993	6312

由于本书研究不同县（市）在不同时间点上的农村金融排斥与城乡收入差距的关系，牵涉不同的横截面和时间序列，因此本书采用面板数据模型较合适。模型设定的基本形式为：

$$Y_t = \alpha_i + \beta^t X_{i,t} + u_{i,t}$$

其中，i 表示横截面个数，t 为变量考察的时期数，$Y_{i,t}$ 为回归变量，$X_{i,t} = (X_{i,t}^1, \cdots, X_{i,t}^k)^T$ 为向量，k 为解释变量个数，α_i 表示截距，斜率系数 $\beta = (\beta^1, \cdots, \beta^k)$。

根据截距项 α 的不同，面板数据通常有 3 种：①若 α 固定，即无论任何个体和截面，回归系数 α 和 β 都相同时，该模型称为混合模型。②若 α 不固定，是随机变量，表示对于 i 个个体（或 t 个时间）有 i 个不同的截距项，且变化与 $X_{i,t}$ 有关系，则此模型称为固定效应模型。固定效应模型分为个体固定效应模型、时点固定效应模型和个体时点双固定效应模型。③若 α 不固定，为随机变量，但其分布与 $X_{i,t}$ 无关，此模型称为随机效应模型。

随机效应模型分为个体随机效应模型、时点随机效应模型和个体时点双随机效应模型。由于面板数据的两维特性，模型设定的正误决定了参数估计的有效性。因此，首先要对模型的设定形式进行检验，即主要是检验模型参数在所有横截面样本点和时间点上是否具有相同的常数。本书使用 F 检验和 Hausman 检验，检验如下两个假设：

H_1：$\alpha_i = \alpha$，模型中不同个体的截距相同（真实模型为混合模型）。

H_2：个体效应与回归变量无关（真实模型为个体随机效应模型）。

5.2.3　我国农村金融排斥对城乡收入差距的影响

根据样本数据，本书针对原假设分别进行检验，以选择合适的面板数据模型，检验结果显示：表 5-4 中的 5 个模型均是 $P<0.05$，拒绝原假设 H_1，即拒绝建立混合模型；Hausman（豪斯曼）检验结果显示 $P<0.05$，所以拒绝原假设 H_2，拒绝建立个体随机效应模型，即应建立固定效应模型，因此判断得出，4 个模型均适用面板数据模型。通过进一步的分析发现，全国（1）、（2）式适用时点固定效应模型。

表 5-4　农村金融排斥对城乡收入差距影响的面板数据分析结果

变量	全国（1）	全国（2）
IFE	0.451[*]	8.540[***]
	(1.846)	(6.986)
RGDP	−0.225[***]	−0.238[***]
	(−14.54)	(−15.31)

表5-4(续)

变量	全国（1）	全国（2）
UR	−1.051***	−1.086***
	(−11.05)	(−11.44)
EDU	−0.014*	−0.012
	(−1.892)	(−1.636)
GEB	2.143***	2.113***
	(25.441)	(25.131)
IS	1.354***	8.327***
	(10.294)	(8.000)
IFE * IS		−10.61***
		(−6.753)
Adjusted R^2	0.206	0.211
选择面板类型	时点固定	时点固定
观测数	6312	6312

注: * 代表在10%水平下显著,** 代表在5%的水平下显著,*** 代表在1%的水平下显著。

本书首先从全国层面分析了农村金融排斥对城乡收入差距的影响。从表5-5中全国（1）的分析结果可以看出，农村金融排斥的上升在10%的水平上显著地扩大了城乡收入差距，这论证了农村金融排斥通过门槛效应、减困效应、排除效应这三大直接途径以及通过涓滴效应来间接影响城乡收入差距的扩大。全国（2）中加入了农村金融排斥和产业结构的交互项对城乡收入差距的影响。从结果可以看出，农村金融排斥在1%的水平和城乡收入差距显著正相关。而且，农村金融排斥与产业结构的交互项和城乡收入差距在1%的水平下显著为负，表明了第二、三产业比例高的县（市），农村金融排斥的上升会显著缩小城乡收入差距，这验证了金融发展和城乡收入差距的扩展的"Kuznets（库茨涅兹）"产业结构假说。在控制变量方面，各个县（市）的经济发展水平、城镇化比例显著缩小了城乡收入差距，政府对当地经济的支持力度和城乡收入差距正相关。这一结论和本书以上分析相一致。第二、三产业结构的比例和城乡收入的差距正相关，这与胡荣才和冯昶章（2011）的观点相一致，即相对现代工业部门，传统农业部门生产效率低下，加之政府长期以来压低农产品收购价格，提高工业品销售价格，从事农业的农民收入水平和增长幅度都落后于城市居民。

5.2.4 基于我国东、中、西三大地区的实证分析

根据样本数据，本书针对原假设分别进行检验，以选择合适的面板数据模型。检验结果显示：表5-5中的3个模型均是 $P<0.05$，拒绝原假设 H_1，即拒绝建立混合模型；Hausman 检验结果显示 $P<0.05$，所以拒绝原假设 H_2，拒绝建立个体随机效应模型，即应建立固定效应模型。因此判断得出，3个模型均适用面板数据模型。通过进一步的分析发现，东部（3）、中部（4）、西部（5）适用个体固定效应模型。

表 5-5 　　　　　 东、中、西三大地区农村金融
排斥对城乡收入差距的影响

变量	东部（3）	中部（4）	西部（5）
IFE	1.649[**]	0.996	1.154[*]
	(2.323)	(0.137)	(0.094)
RGDP	−0.064[**]	−0.046	0.050
	(2.200)	(0.449)	(0.297)

表5-5(续)

变量	东部（3）	中部（4）	西部（5）
UR	−0.087	−0.141	0.701 ***
	（−0.653）	（0.559）	（0.004）
EDU	−0.075 ***	−0.042	−0.010
	（−3.850）	（0.115）	（0.450）
GEB	0.444	0.367	0.424 ***
	（1.112）	（0.229）	（0.002）
IS	0.742	1.182 **	−0.950
	（1.128）	（0.012）	（0.106）
IFE * IS			
Adjusted R^2	0.513	0.583	0.613
选择面板类型	个体固定	个体固定	个体固定
观测数	1724	2032	2556

注：* 代表在10%水平下显著，** 代表在5%水平下显著，*** 代表在1%水平下显著。

　　东部（3）、中部（4）、西部（5）分别从东、中、西三大地区分析农村金融排斥对城乡收入差距的影响。从分析结果可以看出，东，西部地区农村金融排斥分别在5%、10%的水平上和城乡收入差距显著正相关，和全国层面的分析结果一致。中部地区的农村金融排斥和城乡收入差距不显著，这表明了农村金融排斥并不是影响中部城乡收入差距的关键因素，其他更为重要的因素在发挥着作用。此外，本书还发现东部地区经济发展水平、教育水平显著缩小了城乡收入差距；中部地区第二、三产业结构比例扩大了城乡收入差距；西部地区城镇化、政府对当地经济的支持力度和城乡收入差距正相关。

5.2.5 结论与讨论

本书使用来自我国 2006—2009 年 1578 个县（市）的面板数据，以金融排斥指数作为衡量指标，从全国和东、中、西两个层面对我国农村金融排斥与城乡收入差距的关系进行了经验分析。本书的研究表明：从全国层面看，农村金融排斥的上升会扩大城乡收入差距，而且非农产业比例高的县（市），农村金融排斥的上升会缩小城乡收入差距；东、西部地区农村金融排斥扩大了城乡收入差距，中部地区不显著。

本书的研究结论对我国农村金融改革及构建包容性农村金融体系具有重要的启示：

第一，探索设立包容金融服务基金，创建具有中国特色的农村包容性金融体系，保障社会每个经济主体金融权利的平等。第二，放宽农村金融市场准入条件，发展具有包容性的农村金融机构，即表现在金融机构能够与农民休戚相关，共生成长。第三，通过将信息技术应用在金融业来不断完善农村金融基础设施建设。第四，支持各类金融机构创新微型贷款品种，创新农村金融产品和服务，满足不同类型农户的金融需求。第五，通过政府干预来促进包容性农村金融体系建设。比如通过行政干预的方法对机构设立和农业信贷投资执行强制标准，政府还可以考虑对涉农金融服务提供财税优惠的正向激励。

5.3 我国农村金融排斥对农户收入影响的实证分析

5.3.1 引言

从 2003 年开始连续 8 年的中央 "一号文件" 都提出了要大力发展农村金融，促进农村经济发展，进而带动农民收入的增长。那么，我国当前的县域农村金融排斥与农户收入关系如何？是促进还是抑制？

金融排斥的反面是包容性金融。包容性金融与收入间存在密切的关系，收入是影响包容性金融的一个重要指标。促进包容性金融的发展和经济发展的目标相一致。包容性金融的发展目标是使所有的人都能获取金融服务，因此促进了机会的公平和激发了经济体的潜能。确保基本的金融服务如贷款、储蓄、汇款、保险和其他风险管理工具的质量和可接触性，能够促进经济可持续增长（Beck, 2007）。包容性金融会给个人带来诸多的影响，例如工资发放的便利性、保险对其进行基本的风险抵御、资金存放的安全性，尤其是个人能及时得到生产、生活等所需要的资金，避免其陷入贫困中，个人收入的提高又会促进包容性金融的发展，形成良性循环。因此，包容性金融发展对个人收入会产生重要的影响。农村包容性金融发展对个人收入的影响取决于直接和间接机制的共同作用，而且在不同的金融发展阶段，效应的大小是不同的，因此，包容性金融的发展是否促进总体的收入增长还需要得到实证结果的检验。

已有的文献对金融发展的研究主要从金融深度的角度来实证分析金融发展对收入的影响（温涛，2005；王虎，范从来，

2006；钱水土，许嘉扬，2011）。由于数据的获取比较难，目前鲜有文献对我国农村金融排斥与农户收入的关系进行实证分析。余新平（2010）研究了农村储蓄、贷款、保险收入对农民收入的影响，以上表示金融包容的金融机构网点数、账户数、储蓄、贷款、保险收入仅仅代表了金融包容的一个维度，国外学者一直在搜集数据，从而能够从实证层面分析其对农户收入的影响。本书将使用金融包容指数合成计算金融包容的三个维度：地理渗透性、使用效用性、产品接触性。从而计算出我国的农村金融排斥度。本书使用来自我国 1877 个县（市）的数据对我国农村金融排斥对农户收入的影响进行实证分析，为金融排斥与个人收入的关系提供了来自我国县域农村层面的经验证据。

5.3.2 模型设定、分析变量与数据统计

在研究金融发展与农户收入关系的文献中，所用理论模型大多是在总生产函数的传统分析框架下，将金融发展水平当做一项投入用于生产，同时还要考虑其他影响收入的因素。不同之处主要体现在金融发展与经济增长指标的选择以及控制变量的选取上。综合温涛（2005）、余新平（2010）、杜伟岸（2011）等人的分析，考虑到本书研究不同县（市）在不同时间点上的农村包容性金融发展与农户收入的关系，牵涉不同的横截面和时间序列，因此采用面板数据模型较合适。本书建立以下实证模型：

$$Y_t = \alpha_1 + \partial_2 \text{IFE}_{i,t} + \beta^t X_{i,t} + u_{i,t}$$

其中，Y 表示人均 GDP，IFE 表示金融排斥指数，X 表示其他控制变量，具体包括教育发展水平（EDU）、产业结构（IS）、政府财政支出（GEB）、就业率（EMP）、固定资产投资（RINV）。

（1）金融排斥指数（IFE）

（2）农户收入（Y）。用人均 GDP 代表县域农户的收入水平。具体用县域总的 GDP 比总的人口数（RGDP）。

（3）其他控制变量参考了目前文献中的变量的选取，具体包括：教育发展水平（EDU）。反映教育发展的总体趋势及其对农户收入的长远影响。个人的人力资本水平越高，越可能得到高收入，反之可能只得到低收入，而教育是提高人力资本水平的主要途径。考虑到中学教育对居民收入的重要影响以及数据的可获得性，本书选取总人口中每百人在校中学生人数反映教育水平。产业结构（IS）。在工业化进程中，生产要素从边际生产效率较低的农业部门向边际生产效率较高的非农业生产部门转移，直到两个部门的边际生产效率相等为止。因此，某一区域内，非农产业在产业结构中的比重越高，意味着农户越可能会获得更多收入。本书采用第二、三产业产值的增加值占当期 GDP 的比重来表示产业结构。政府财政支出（GEB）。主要用来反映地方政府对当地经济的支持力度。地方政府业绩的重要考核指标是 GDP 增长率，因此，地方财政支出主要是为了发展当地经济，促进农户收入增长。本书采用地方财政支出占当期 GDP 的比重来衡量地方政府经济行为。就业率（EMP）。农户的充分就业使其能获得更多的收入。本书用县域中农村从业人员数和城镇从业人员数的总和比总的人口数来表示就业率。投资水平（RINV）。全社会固定资产投资是影响农户收入的重要因素，本书用县（市）固定资产投资比总人口数来表示投资水平。由于无法获取县（市）中农村地区的固定资产投资额，本书用人均城镇固定资产投资来代表整个县（市）的人均投资额。

对主要变量的统计学描述见表 5-6。

表 5-6　　　　　主要变量数据的统计学描述

变量	平均值	中位数	标准差	最小值	最大值	观测数
RGDP	1.537	1.092	1.482	0.128	19.280	7508
IFE	0.335	0.330	0.061	0	0.646	7508
REDU	5.921	5.777	1.644	0.020	16.772	7508
RPBU	0.202	0.147	0.189	0.005	3.548	7508
IS	0.749	0.754	0.129	0.111	0.994	7508
EMP	0.499	0.506	0.098	0.033	0.990	7508
RINV	0.702	0.425	0.983	0.007	16.764	7508

5.3.3　我国农村金融排斥对农户收入的影响

表 5-7 中，全国（1）分析了全国农村金融排斥和农户收入的关系，从全国（1）的结果可以看出，农村金融排斥与农户收入在 1%的水平上显著负相关。全国（2）、全国（3）、全国（4）、全国（5）、全国（6）分析了组成农村金融排斥的各个维度对农户收入的影响，这是为了进一步分析各个维度对农户收入的影响大小。

全国（2）和全国（3）分别代表的每万人金融网点数指数和每百平方公里网点指数与农户收入分别在 5%、1%的水平上显著负相关。

全国（4）和（5）分别代表的储蓄服务和贷款服务使用效用性的排除都在 1%的水平上和农户收入显著正相关。

全国（6）表示的农村金融产品接触性排除和农户收入在 1%的水平上显著负相关。

表 5-7　农村金融排斥及其各个维度与农户收入关系的

面板数据分析结果

变量	全国 (1)	全国 (2)	全国 (3)	全国 (4)	全国 (5)	全国 (6)
IFE	-2.037***					
	(10.255)					
A1		-2.411**				
		(21.694)				
A2			-2.899***			
			(24.643)			
A3				1.959***		
				(-17.26)		
A4					0.458***	
					(-3.884)	
A5						-0.652***
						(6.259)
REDU	-0.007	0.004***	-0.022***	0.027***	0.005***	0.002***
	(-1.044)	(0.525)	(-3.22)	(3.989)	(0.740)	(0.331)
RPBU	-1.549***	-1.718***	-0.923***	-1.319***	-1.439***	-1.530***
	(-24.637)	(-27.695)	(-14.245)	(-21.091)	(-22.479)	(-24.194)
IS	2.744***	2.616***	2.279	3.086***	3.011***	2.979***
	(27.736)	(27.325)	(23.342)	(32.230)	(30.666)	(30.660)
EMP	0.603***	0.854***	0.060***	0.418***	0.655***	0.607***
	(5.356)	(7.737)	(0.538)	(3.740)	(5.783)	(5.372)
RINV	0.823***	0.729***	0.854***	0.780***	0.829***	0.817***
	(66.572)	(57.786)	(71.249)	(62.166)	(66.721)	(64.909)
C	-1.723*	-1.960***	-1.033***	0.617***	-1.221***	-1.521***
	(-16.169)	(-19.465)	(-10.786)	(-5.893)	(-12.097)	(-14.511)
Adjusted R^2	0.590	0.608	0.615	0.600	0.585	0.586

表5-7(续)

变量	全国（1）	全国（2）	全国（3）	全国（4）	全国（5）	全国（6）
选择面板类型	时点固定	时点固定	时点固定	时点固定	时点固定	时点固定
观测数	1877	1877	1877	1877	1877	1877

注：*代表在10%水平下显著，**代表在5%的水平下显著，***代表在1%的水平下显著。

通过以上的分析可以看出，虽然农村金融排斥抑制了农户收入增长，但是组成农村排除的储蓄和贷款服务使用效用性排除却和农户收入负相关。出现这一情况的原因在于我国县域农村金融发展在结构和功能两个层面与农村经济发展和农户收入增长实际需求不协调。

功能失衡。从2003开始的我国县域农村金融机构改革一直遵循着企业化、商业化、股份化、市场化方向发展，使国有金融逐渐显露出按规模经济和利润最大化行事的风格。我国1998年开始部分金融分支机构进行撤并改革。从2003年农村金融体制改革以来，县域银行机构大幅撤并收缩。截至2009年，全国还有2792个金融空白乡镇。就连国家明确定义在农村领域的农村信用社，为了自己脱困，也开始了走规模经营、撤并集中之路，业务转向非农化。2007年农村信用社县域网点数为5.2万个，比2004年减少9087个。事实证明农村经济主体在产生金融需求的时候，更多的是依赖民间。中国人民银行温州中心支行曾做过一个调查，发现调查对象中有89%的家庭个人和59.67%的企业参与了民间借贷，个人参与民间借贷的数量比企业多。被调查的6家大型企业中有1家参与民间借贷，而中小企业则有60%左右的企业参与其中。国家对非正规金融发展实行严格的限制，使其长期遭到压制和打击，从一开始就走上了"邪路"（余新平，等，2010），金融发展自然难以促进农民收入增长。

结构失衡。目前我国县域商业性金融、合作性金融、政策性金融并存并呈现多元化，但这些农村正规金融似乎都不自觉地遵循着偏农离农的路径。邮政储蓄只存不贷，只是简单地把并不丰富的农村资金源源不断地输送到城市和工业，而对农村本地的投资缺乏引导和支持；新型农村金融机构发展缓慢。截至 2009 年年末，共有 172 家新型农村金融机构开业，目前，已开业新型农村金融机构贷款余额 181 亿元，但这相对于我国农村资金的巨大需求无疑是杯水车薪；四家大型商业银行的网点陆续从县域撤并，从业人员逐渐精简，部分农村金融机构也将信贷业务转向城市。2007 年年末，全国县域金融机构的网点数为 12.4 万个，比 2004 年减少 9811 个。2008 年县域贷款只占全国贷款的 19.2%，到 2010 年年末，县域贷款余额 12.3 万亿元，在全国金融机构各项贷款余额的占比也仅仅在 25% 左右。县域金融的发展水平与我国县域经济占全国 GDP 的 50% 的地位严重不相称。此外，我国县金融机构的资金外流严重，且县域资金存贷比偏低。据中国人民银行的统计，2007 年全国县域信贷资金净流出 1.2 万亿元，占同期全国县域金融机构储蓄总额的 13.2%。2008 年县域银行金融机构存贷比 53.6%，而同期城市地区存贷比则为 65.2%。

5.3.4 基于我国东、中、西三大地区的实证分析（见表 5-8）

表 5-8 农村金融排斥对东、中、西三大地区

农户收入的影响

变量	东部	中部	西部
IFE	-2.624^{***}	0.373^{*}	0.877^{***}
	(-4.679)	(1.708)	(3.540)

表5-8(续)

变量	东部	中部	西部
REDU	0.046 ***	-0.004	0.025 ***
	(2.853)	(-0.469)	(2.820)
RPBU	-1.727 ***	-2.066 ***	-0.946 ***
	(-4.917)	(-13.349)	(-14.945)
IS	-0.613	0.301 **	1.847 ***
	(-1.164)	(1.974)	(14.199)
EMP	1.608 ***	0.158	-1.290 ***
	(5.622)	(1.029)	(-8.793)
RINV	0.718 ***	0.471 ***	0.757 ***
	(18.955)	(18.219)	(60.957)
C	0.380	1.189 ***	0.425 *
	(0.789)	(7.297)	(3.197)
Adjusted R^2	0.936	0.910	0.681
选择面板类型	个体时点固定	个体时点固定	时点固定
观测数	528	557	792

注:* 代表在10%水平下显著,** 代表在5%的水平下显著,*** 代表在1%的水平下显著。

从表5-8的分析结果可以看出,东部地区农村金融排斥在1%的水平上和农户收入显著负相关,中、西部地区农村金融排斥分别在10%和1%的水平上和农户收入显著正相关。这表明了东部地区的农村金融排斥的收入效应要高于中、西部地区,中部地区农村金融排斥的负面收入效应要低于西部地区。出现以上的结果可以从我国东、中、西部地区县域农村金融排斥和县域农村经济发展现状两个方面来解释。

农村金融机构网点、存款和贷款资源在东、中、西三大地区依次减少。截至 2009 年，全国还有 2792 个金融空白乡镇，其中云、贵、川三省就占了 45%。在东部地区，农村资金外流程度随着经济的发展而减缓，甚至在某些地区开始回流，而在中、西部地区，农村资金外流程度随着经济的发展而持续加大。因此，农村资金相对丰富的东部地区会显著地促进农村经济发展和农户收入增长，而中、西部地区会因资金的缺乏而抑制农村经济发展和农户收入的增长。

此外，以资金投资回报率来说，用于农户的资金回报率要大大低于用于企业的回报率。我国中、西部地区农业所占比重相对较高，而第二、三产业相对落后，从而形成新信贷资金主要用于农户的局面，这不仅降低了资金的使用效率，同时也会制约经济的发展。要想切实通过发展包容性金融来提高农户收入，必须转换思路，从关注分散农户转移到着力培育整合大型农业企业，做大做强，以促进经济的可持续增长（田霖，2011），最终带动农户收入的增长。

5.3.5 结论与讨论

本书使用来自我国 2006—2009 年 1877 个县（市）的面板数据，对我国农村包容性金融发展的收入效应进行了比较与分析。本书得出了如下结论：

（1）农村金融排斥抑制了农户收入的增长。因此，建设一个包容性农村金融体系，能够让人人都拥有接受金融服务的机会和渠道，将会更好地促进农村经济社会发展和推进县域内部城乡统筹发展，从而更好地实现和谐社会建设目标。储蓄和贷款服务的使用效用性维度的排除和农户收入正相关，原因在于我国县域农村金融发展在结构和功能失衡。因此，要继续深化现行农村金融制度的改革，比如进一步落实和完善涉农贷款税收优惠、定向费用补贴、增量奖励等正向激励政策。与此同时，要积极引导涉农金融机构践行社会责任，加大农村金融资源的投入。

（2）东部地区农村金融排斥和农户收入负相关，而中、西部地区农村金融排斥和农户收入正相关。一方面原因在于中、西部地区相对东部地区包容性金融资源匮乏，另一方面原因在于中、西部地区相对东部缺乏数量较多、规模较大、实力较强的农业企业，贷款给农户的收入效应要明显小于贷给企业所产生的收入效应。因此，中、西部县域地区在满足农户基本贷款需求的基础上要加强对中小企业的金融支持，比如完善小企业信贷考核体系，鼓励建立小企业贷款风险补偿基金，发展多层次中小企业信用担保体系，拓宽中小企业融资渠道。

5.4 本章结论

我国农村金融排斥对农村生产率影响的实证分析结果表明：我国农村金融排斥对农村生产率的影响为负，组成农村金融排斥的贷款使用效用维度和产品接触维度的排除抑制了农村生产率增长。中部地区农村金融排斥的生产率效应为负，西部地区不显著，可能其他更为重要的因素在发挥着作用；东部地区不存在效率损失。

我国农村金融排斥对城乡收入差距影响的实证结果表明：农村金融排斥的上升会抑制城乡收入差距的扩大，而且非农产业比例高的县（市），农村金融排斥的上升会缩小城乡收入差距；东、西部地区农村金融排斥扩大了城乡收入差距，中部地区不显著。

我国农村金融排斥对农户收入影响的实证分析结果表明：

我国农村金融排斥对农户收入具有显著的抑制效应，组成农村金融排斥的地理渗透性和产品接触性与农户收入负相关；储蓄和贷款服务的使用效用性和农户收入正相关，原因在于我国县域农村金融发展在结构和功能失衡；东部地区农村金融排斥和农户收入负相关，而中、西部地区农村金融排斥和农户收入正相关。

6 国内外应对金融排斥的经验借鉴

　　20世界90年代末，英美等一些发达国家的银行业随着对金融分支机构管制的放松、信息技术的发展及其全球化，开始追求价值最大化。在此背景下，各大金融机构为了降低经营成本、控制风险和增加利润，采取扩大金融机构种类、产品与服务范围和关闭一些弱势地区的金融行业的分支机构的措施。这些措施不但排斥了对弱势地区人群的服务，而且也造成了这些地区缺少金融机构。金融排斥的范围不断扩大以及其他排斥因素的共同影响，加剧了地区间经济不平衡发展、不同人群两极分化严重，从而使这些弱势地区、弱势群体陷入恶性循环，严重阻碍了整个社会经济的健康可持续发展。现今，金融排斥带来的不利影响与危害已经引起了各国的高度重视，各国开始采取措施来解决金融排斥带来的种种问题。虽然英国的金融市场高度发达，但其金融市场仍存在金融排斥问题。因此，英国不仅是较早重视金融排斥问题的国家，并且其有关金融排斥的调查研究也位于世界前列，英国政府进行的一系列应对金融排斥的实践也比较成功。因此，我国可以借鉴英国解决金融排斥问题的成功经验，这对解决我国当前面临的金融排斥问题具有重要的现实意义。

6.1　英国金融排斥的基本现状

（1）领域广。英国金融排斥所涉及的领域非常广泛，包含基本的金融服务，如银行账户、储蓄、信贷以及保险等，但英国却在这些基本的金融服务领域存在着不同程度的金融排斥问题。1998年英国金融服务局的调查发现，英国仍然有大多数人没有购买医疗险、个人意外险及人寿险等保险。并且，信贷领域和储蓄领域的金融排斥程度也较高，仍然存在有的家庭没有信贷业务、储蓄产品以及任何形式的银行账户。

（2）地区集中。虽然英国金融排斥情况的差异表现在地区上，但其金融排斥的地区却比较集中。英国2004年的财政部调查报告显示，苏格兰是英国金融排斥比较严重的地区；威尔士主要集中在南部；英格兰主要集中在利物浦、曼彻斯特、伯明翰以及伦敦东部和东南部等地区。英国金融排斥严重且地区集中主要有主客观两方面的原因。主观原因，这些地区的移民比较多，属于文化多元化地区。由于存在不同的宗教信仰、文化背景，大部分人对金融机构缺乏信任，因而不愿意接受金融机构的服务，更有甚者主动排斥金融产品。客观原因，这些地区基本上属于英国经济比较发达的地区，生活成本较高；由于大多数人是移民，所以有很多人租住房子，且居住条件和环境比较差，从而也使这些居民容易受到金融的排斥。

（3）人群特征明显。不同的家庭背景、婚姻状况、就业情况、受教育程度、种族以及收入状况等是英国居民的主要特征。根据英国的家庭资源调查，由于单身家庭者、低收入者、失业者、年老者或接受社会救济者、受教育程度较低者属于收入水平人群，故这些人群是受到金融排斥的较高人群。

（4）金融排斥水平整体趋缓。英国金融排斥问题得到明显改善的主要原因是，政府与金融机构在解决金融排斥问题上的积极探索和相互配合。银行账户是英国居民的基本金融工具，是英国居民进行各种金融活动的基础和前提。英国人民拥有银行账户的人数在不断地增加，从而保障了家庭成员可以享受金融服务，缓解了金融排斥的水平。

6.2 英国解决金融排斥问题的措施

6.2.1 明确政府的角色定位

（1）成立各种包容基金。为了促进金融包容，英国政府不仅成立了各种包容基金，而且还成立了金融包容工作小组，用来监测其在执行金融排斥政策上的进步与否。金融包容基金解决的金融排斥问题主要是关于货币咨询、基本银行服务和信贷服务等方面存在的基本金融服务，并且成长基金在促进金融包容方面取得的成效比较显着。为了使信用合作社提供更全面的金融服务，英国政府还对工作人员和志愿者进行相关培训和训练，以提高工作人员的服务水平和办事效率。并且，政府为了金融机构能够为贫困边远地区提供金融服务，向金融包容基金注入大量资金以解决边远地区缺乏金融机构和金融服务的情况。另外，政府还推出了儿童信托基金和社会基金。儿童信托基金的主要对象是那些出生在贫困家庭的儿童，能够有效地防止金融排斥的代际传播。社会基金主要是服务于需要社会帮助的人，其主要的服务对象一般是失业者或接受救济的人，能够使这些群体可以接触基本的金融产品和金融服务。

（2）支持信用社与社区发展金融机构。弱势群体在接触金融产品和服务方面比较困难，容易受到金融的排斥，而金融机构在信用社和社区的发展能够为这些弱势人群提供金融需要、减少金融排斥等，同时对于缓解金融排斥水平也起着重要作用。英国政府比较重视金融排斥在这些弱势群体中的蔓延，为解决弱势群体的金融排斥问题，英国政府采取了许多可行且有效的措施。首先，为了解决金融排斥问题，英国政府部门采取了通过信用社解决金融服务的供给问题的组织策略。其次，政府部门还成立了信用合作社特别工作组，并给予该特别工作组大力支持，如拨款倾斜、政策优惠等。信用社积极发展自己的金融业务，如小额贷款、短期个人贷款和小额储蓄等，并把这些服务看成是居民获得其他金融服务的基础，因而信用社得到了较大的发展。这一方面促进了信用社的发展，另一方面扩大了弱势群体使用金融服务的范围以及缓解了金融排斥。社区发展的金融机构主要服务群体是偏远社区以及偏远社区的低收入人群。社区金融机构给予这些低收入人群贷款优惠，包括低成本的贷款以及无存款和无抵押品的贷款。这在很大程度上降低了低收入人群进行贷款、获得资金的门槛，同时也在很大程度上改善了金融排斥带来的不利影响。

（3）加强立法建设，进行有效监管。居民获得银行账户、支付服务以及获得贷款的条件由政府通过立法直接确定，这就有效地限制了金融机构对一些低收入人群的金融排斥，保障了弱势群体享受基本金融服务的权利。同时，政府严格审查申请人的信贷资料，并建立完善的监督管理机构和结算程序。

6.2.2 鼓励扩大基本金融服务

英国政府鼓励金融机构扩大基本的金融服务，特别是邮局，因为邮局是英国比较基础和重要的金融机构。英国邮局的分支机构众多，并且几乎遍及英国最落后的小城区以及偏远的农村地区，因此英国的邮局在解决金融排斥问题上起着重要的作用。邮局的门槛较低，没有银行账户和建筑协会账户的人也可以获得邮局的服务，因而扩大邮局的基本金融服务在解决金融排斥问题上能够起到很好的成效。2000年英国财政部号召银行和邮局向所有人提供"基本的银行账户"，并且要求由统一的银行服务系统来解决金融排斥问题。进行社会保障支付改革以后，政府要求居民的所有福利和税收都必须通过银行系统支付，这就要求所有的居民都必须拥有基本的金融服务。英国银行协会响应政府社会保障支付改革的号召，以零售银行和政府伙伴关系的形式一起应对金融排斥，突破金融排斥的瓶颈，并致力于为每一个居民提供金融服务。同时，英国政府也采取了一些强硬措施，如向金融机构施压，要求其提供可以在邮局使用的基本银行账户。因此，在银行和政府的积极配合下，金融机构的基本业务迅速开展起来，金融排斥问题也得到了很大程度的缓解。

6.2.3　其他非营利组织的积极创新

（1）"储蓄和贷款"计划。"储蓄和贷款"计划是建筑协会和房东合力推行的，其是在住房协会、建筑协会和银行伙伴关系的基础上而形成的，主要对象是租住房屋的人群。该计划的主要目的是使租户可以借到比他们储蓄的资金多几倍的贷款，因为这些租户有一个高额补贴的利率。其主要实现方式是租户通过房东将钱存在建筑协会，由房东存入建筑协会的一笔钱作为贷款担保，从而从建筑协会取得贷款的资格。该计划不仅可以使租户获得较高的存款利率，而且贷款利率也可以得到大量的补贴，同时租户获得金融服务的可能性也得到了提高。

（2）"涵盖租金的保险"计划。"涵盖租金的保险"计划是由英国的政策行动小组实施的，主要对象是租住在公租房里的居民，目的是减少没有购买保险的家庭数量。该计划的主要目的是分散风险，提供更低水平的保险以使更多的弱势群体可以购买和享受保险带来的利益。其中，私人保险公司的中介是由地方当局和房屋协会组成，其主要职能是管理和收取保险费，保险费一般与到房租费一起交付，甚至可以按周支付，这就减少了低收入人群一次性支付保险费带来的压力。同时，保险公司会支付一定的费用给管理者，作为其管理成本。支付佣金之后如果存在剩余，保险公司会用剩余部分的资金来提高其财产的安全性，这不仅降低了盗窃和保险理赔率，也增加了购买保险的人数。"涵盖租金的保险"计划一方面提供了一种解决家庭财产安全问题的有效方式，另一方面也降低了低收入人群购买保险的门槛，使更多的低收入人群能够购买和享受保险服务。

6.3　我国的借鉴

我国不仅经济在改革开放以来取得巨大的进步，并且金融实力也得到了很大的提升。虽然我国金融的整体水平得到了很大的提高，但是金融服务的可得性方面却没有得到相应的改善，金融排斥现象依然是非常严重的事实，尤其是边远的山村及农村地区。当前，我国金融的大背景是城乡"金融二元结构"，所以农村的金融排斥问题表现得特别突出和严峻。2010年中国银监会的《农村金融服务分布图集》显示，银行业金融机构贷款给农民的比例仅为30%左右；金融机构网点在农村的覆盖率整体水平仍然偏低；全国平均每万人拥有银行类金融机构网点数还不到150个。因此，解决金融排斥问题，尤其是农村及偏远地区的金融排斥问题，推进金融包容将成为我国金融政策制定当中不可或缺的环节。

我国可以结合自己金融排斥的实际情况，同时借鉴英国在解决金融排斥问题上的成功经验，从而更加有效地解决我国现存的金融排斥问题：

（1）构建包容性金融体系。包容性金融体系的出发点是保障社会上每个经济主体能够平等地享受金融产品和服务，尤其是保障那些被传统金融体系忽略的低收入人群的金融权利。为了使那些低收入人群能够获得金融权利，我国可以结合自己当前的实情并借鉴英国的成功措施来构建包容性金融体系：宏观层面上，成立金融包容特别工作组，明确制定该工作组在推行金融包容方面的规划、目标以及措施，并对其执行情况进行监督和考核；宣传普及金融知识，提高普通民众对金融产品和服务的了解水平；加强金融机构之间的沟通以及部门之间的相互协作，为促进金融包容而共同努力。中观层面上，建立金融基础设施，以提高工作效率和完善相关的金融服务体系。如建立信息透明度高的金融服务管理体系和安全、高效、可靠的金融支付体系，以及财务管理、风险管理以及员工培训等基本服务。微观层面上，推进机制创新，探索金融机构实现经济与社会协调发展的运行机制。

（2）建立金融包容数据库。为了有效地监测金融的排斥水平，我国应该建立完整的金融包容数据库。为了有效地了解金融排斥状况，缓解金融排斥水平，英国政府及相关部门通过对金融排斥水平进行大量的调查研究，搜集了相对系统而全面的数据。搜集到的相关数据不仅可以使相关部门清晰地了解金融排斥的状况，同时也使应对金融排斥的措施更具有针对性和可行性。当前，我国学术界对金融排斥问题进行深入研究的阻碍主要有两方面：一方面是我国学者对金融排斥的研究才刚刚起步，没有丰富的实践经验；另一方面是我国比较缺乏有关金融排斥的系统微观数据。因此，我国可以借鉴英国，成立对金融排斥状况进行调查研究的专门机构，或设立相关基金用来鼓励非官方组织参与金融排斥状况的调查研究，扩大进行调查研究的组织范围，从而可以尽快地建立起我国的金融包容数据库。完善的金融包容数据库不仅有利于相关部门对金融排斥水平进行动态监测，还有利于对推行金融包容的情况进行考核以及对金融排斥状况进行评价。

（3）发展包容性金融机构。金融机构是包容性金融的重要载体。英国的有关金融机构相互融合，并积极配合政府的相关政策报告。英国的包容性金融机构在响应政府号召、扩大基本金融服务以及缓解金融排斥水平等方面起着不可或缺的作用。当前，我国的金融机构体系虽然比较健全，但是其金融功能却没有得到应有发挥。因此，政府在稳步推进金融整体实力发展的同时，需要关注被金融排斥人群获得金融产品和服务的能力，以促进金融的协调平稳发展。弱势地区可以充分利用现有的机构和政府政策的支持来发展本地区的金融包容机构，解决严重的金融排斥现象。农村的新型金融机构充分利用自身的现有优势，如信息优势、机制优势等，在缓解农村金融排斥程度方面发挥着重要的作用，体现了金融机构的较好包容性。因此，我国应积极引导农村信用社、邮政储蓄银行等基本的金融机构向社区银行转变，创造更多的包容性金融机构，缩小金融排斥范围。同时，鼓励大型银行参与包容性金融机构创建，并处理好机构赢利与社会责任之间的关系，为各金融包容性机构健康发展营造良好的氛围。

（4）加强各部门与机构之间的相互协作。政府可以积极鼓励各相关部门和金融机构之间加强协作，提高金融机构的创新能力，从而开发出适用于各类人群的金融产品和服务。金融包容指的是经济体中每一位成员不仅能够容易接触、获取金融产品和服务，还能及时有效地使用正规金融机构提供的服务和产品的一种过程和状态。英国的金融包容性能够有很大的提高，是因为英国各金融机构间通过相互协作，建立了紧密的伙伴关系。因此，我国应借鉴英国各金融机构紧密伙伴关系的成功实践经验，根据我国金融市场的实际情况加强我国金融机构和其他机构之间的相互协作，推出能够满足各类经济主体需求的金融产品和服务，扩大金融服务对象，提高我国金融的包容性。同时，各金融机构应提高其产品及服务的创新，如可以在设有银行POS机的超市、零售店、加油站等地方，扩大其服务功能，如为消费者及居民提供储蓄、投保、资金转移等。同时，政府要给予这些金融机构各方面的优惠政策，如政策支持、政策奖励等，营造有利于我国金融产品和服务创新的良好发展环境。

7 我国农村金融排斥的干预路径

根据本书对农村金融排斥诱因的分析，影响农村金融排斥的因素很多，但是金融机构网点的撤离无疑是导致农村金融排斥的最关键的因素；此外当前信息技术发展将在解决我国农村金融排斥中发挥重要作用，而且从政策层面来说具有实际可操作性。因此，本书提出了从新型农村金融机构和电子化金融服务的发展两个方面来应对我国农村金融排斥。新型农村金融机构选取了我国村镇银行为例，主要介绍了目前村镇银行在应对我国农村金融排斥中的积极作用，目前我国村镇银行发展存在的问题以及影响我国村镇银行网点选址的因素。电子化金融发展主要介绍了国外乡村电子化金融的实践和启示、农村地区发展电子化金融服务的优势、我国农村地区发展电子化金融服务的环境及电子化金融服务在我国农村成功应用的模式。

7.1 新型农村金融机构与我国农村金融排斥
——以村镇银行为例

银监会对村镇银行的定义是经中国银行业监督管理委员会依据有关法律、法规批准，由境内外金融机构、境内非金融机构企业法人、境内自然人出资，在农村地区设立为当地农户或企业提供金融服务，进一步帮组加快发展当地经济的农村金融机构。村镇银行对支持"三农"建设，解决农村资金缺口，有效增强对农户和中小企业的金融服务，支持地方经济发展有着极其重要的积极作用。是否在一个地区设立村镇银行对构建包容性农村金融体系至关重要。

截至 2006 年年底中国银行业监督管理委员会适度放松金融机构进入农村的限制以来，各地区为积极完善农村金融体系的建设，新型金融机构有条进入，打破传统金融机构的垄断局面。到 2010 年年底，村镇银行已经达到 349 家。尽管村镇银行的发展取得了一些成效，但与银监会要求的在 2011 年年底实现新设村镇银行 1027 家的发展目标仍然存在巨大差距。那么，如何促进我国村镇银行的发展？对这个问题的回答需要我们进一步回答：哪些因素影响村镇银行网点的布局？

7.1.1 村镇银行在干预农村金融排斥中的作用

村镇银行作为新型银行业金融机构，对我国农村金融市场供给不足、竞争不充分的局面起到了很大的改善作用，对新农村建设也起着积极的作用。村镇银行填补了农村金融服务的空缺，提供了更有针对性的金融产品和服务，激活了农村金融市场的竞争力，有效地延伸了大中型银行服务"三农"的触角并发挥了社区银行的功能，从而减轻了农村金融排斥。

（1）村镇银行的建立填补了农村金融服务的空缺，增加了农村金融服务的供给。

我国农村金融的供给主要包括商业性金融、政策性金融、合作金融和民间金融，目前各大银行机构的网点多集中于县城及少数经济较发达乡镇，而大部分乡以下金融服务主要依靠农信社，但是体制改革等多方面的原因导致其经营业绩不断下降，在农村地区有庞大网点的邮政储蓄充当了"抽水机"的功能。一些偏僻的贫困乡村成为了金融服务空白点，2010 年年底全国金融机构空白乡镇是 2312 个。相对于民间借贷来说，村镇银行以更合理的资本使用价格来帮助解决农村贷款者对资金的渴求。而且，在农业的支持和辅助方面，村镇银行比传统的金融机构提供更多的服务项目。这种"物美价廉"的金融服务体系不仅解决了资金匮乏局面，也为当地的经济发展做出重要的贡献。因此，村镇银行的发展对解决"三农"金融服务供给不足、服务严重短缺和小企业金融服务短缺问题起到很大作用。

（2）村镇银行能够结合实际创新金融产品。

村镇银行以其灵活的机制治理机构，能适时适度地为金融服务对象提供新型服务品种。村镇银行能够结合农村金融需求主体的实际情况，不断创新信贷产品，提供有效的金融产品和服务。根据对已经开业的村镇银行的实际调查发现，大部分的村镇银行创新了贷款产品流程设计、风险识别、担保方式等。比如授信机制创新；担保贷款创新，将农户和农村企业拥有的林权、土地经营权纳入担保范围，推出了林权抵押贷款和农村土地流转经营权质押贷款；农户联保贷款、小企业联保贷款等产品，主要是根据借款人自身信用或信用联合体的信用等级确定授信额度；与当地担保公司展开广泛合作。

（3）村镇银行有效地提高了农村地区金融竞争力。

单一独大的金融格局不仅会消减农村地区的金融活跃度，同时会制约当地经济的发展。因此，走多元化发展的农村金融道路，打破以往农村金融服务的垄断局面，能调动一切积极因素，给农村金融市场注入新的血液，从而提高农村金融市场的整体运行效率，最终使广大的农户受益。在利率方面，以 2011年同期贷款利率为例说明，村镇银行发放的一年期贷款利率为5.81%左右，同比农信社的贷款年利率低 1.65～2.75 个百分点。

贷款利率的下调，有效地缓解了农民的还款压力，提高了他们对大农业生产的积极性，从而促进了金融资本在农村经济的合理循环流动，刺激农业和农村经济和谐发展。村镇银行作为一个新兴的农村金融结构，有助于解决中国农村地区金融机构单一、资金供给不足等问题；同时在以市场机制为基础的前提下，有助于建立较全面的可持续发展的金融服务体系。

（4）大中型银行通过设立村镇银行有效延伸了服务"三农"的触角。

如何把大中银行的服务延伸到农村去？自 2006 年以来，大中型银行积极参与设立村镇银行，截至 2010 年年末，已经开业的银行有 30 多家。各大行结合自身在品牌、系统、网络、资金、管理等方面的优势给予了村镇银行极大支持。这不仅有利于村镇银行的规范发展，也进一步加强了自身对农村金融服务的参与力度。例如建行自 2008 年开始村镇银行试点工作以来，已正式开业村镇银行 16 家，对完善当地农村金融服务体系、延伸服务网络、推动县域经济发展做出了贡献。近年来，中国建设银行积极探索为小微企业提供金融服务的新模式，取得了显著的成效。目前，建设银行服务的小微企业授信客户已占全部企业授信客户总数的 75%，小微企业贷款近三年平均增幅超过 40%，累计为 16 万小微企业客户投放信贷资金 1.7 万亿元，间接提供了 2000 万个就业岗位。

（5）村镇银行发挥了社区银行的功能，有效地促进了农村包容性金融发展。

社区银行的运行机理是通过定位于关系型银行业务的经营战略能够有效搜集、处理弱势金融需求主体的"软信息"并实现可持续发展（何德旭，2011）。以交易型银行业务主导的农村金融机构在配置金融资源时产生了较为严重的金融排斥性，而发展社区银行促进包容性金融发展有助于实现社会公平。我国的村镇银行定位为以中小企业、社区居民和农户为主要服务对象，功能类似于社区银行。因此，村镇银行的发展有助于促进农村包容性金融发展。

7.1.2 我国村镇银行的发展现状

目前，我国村镇银行总体发展较为缓慢，由于受政府政策支持不到位、支付结算渠道不畅、吸收存款困难等多重因素的影响和制约，其发展中还存在一些问题，需要相关的政策措施加以解决。

（1）村镇银行的设立较为缓慢

到2010年年末，全国正式开业的村镇银行数量为349家，远低于银监会三年计划要求的1027家。按照相关制度规定，村镇银行应有一位主起人，即该主起人必须为相关金融机构。这一硬性条件直接限制了产业资本和民间资本直接发起设立村镇银行，成为制约村镇银行发展的重要因素。目前，已经开业的214家村镇银行当中，80%由城市商业银行、农村商业银行和农信社等小金融机构作为主发起人而设立，其中又以城市商业银行为主力。包括国开行在内的全国性大中型银行发起设立的村镇银行只有30多家，态度并不积极，尤其是还有相当一批股份制银行未发起设立村镇银行。大型商业银行的动力不足严重制约了村镇银行发展。

大型商业银行动力不足的原因在于：村镇银行在投资回报周期和盈利能力上都不如传统的银行金融机构。现阶段我国以种植业和养殖业为主的农业经济风险大、收益低，基本上还属于靠天吃饭；经过多年的发展，大中型银行机构网络布局相对比较完善，尤其是在发达地区的县域不少大中型银行已经设立了分支机构，如果再在当地设立村镇银行，无异于对自身经营构成竞争威胁；设立村镇银行属于对外投资，需要经董事会审批，不仅流程比较复杂，而且要面对股东的资本回报要求。在资本刚性约束下，商业银行显然更希望大力发展低资本消耗业务，以提高股本回报率。

（2）政府要加大对村镇银行的政策支持

自2006年以来，政府对村镇银行一直大力扶持，使村镇银行得以快速发展。但是村镇银行由于成本高、成立时间短、市场占有率低等自身的缺陷，需要政府机构及时适当地给予补贴和优惠。在财政税收、利率、再贷款等方面，政府对村镇银行的扶持还不够。主要体现在企业所得税和营业税方面，相比信用社没有获得优惠。就农信社和村镇银行企业所得税和营业税税收比例来说，前者都要明显低于后者。

（3）村镇银行不"村镇"

目前开业的村镇银行绝大部分都在县市"安营扎寨"，并且在经营中表现出明显的脱农和厌农倾向，偏离了其服务"三农"和中小企业的宗旨。目前导致村镇银行"下乡"动力不足的一个重要原因是大多数村镇银行建立时间不长，且大部分只有一个营业网点，如果以乡镇和农村地区的农户为主要服务对象，不仅加大了服务的成本，而且原有的信息对称优势也将消失。再者，目前农户普遍缺少有效抵押物，农户的主要财产如宅基地、耕地等由于没有产权，很难变现，这导致农户贷款风险很大。村镇银行的投资者所有的所有权结构决定了其必须以谋取投资者利益最大化的方式而存在。

（4）吸储困难时村镇银行首当其冲要解决的问题

村镇银行由于相对于传统国有银行的规模和品牌特点，吸储已成为制约其发展的关键因素。农民收入水平比较低、闲置资金少，村镇银行进入市场时间短、声誉不高，导致其处于弱势地位。各大银行存款利率相近，农村人口比较倾向于将钱存到自己熟知的大型金融机构。村镇银行由于刚刚起步，营业网点少，竞争力不足，在数量上不能满足居民的需要。客户对村镇银行的认识存在偏见，由于村镇银行有自然人入股，不少人将其视为有钱人开的银行，也有人将其视为专做贷款业务的小额贷款公司或地下钱庄，加之有过去农村基金会的教训，导致人们不敢把钱存在村镇银行。村镇银行资产规模小，相对于资本比较雄厚的传统国有银行在经济不景气的情况下更易出现流动性风险。因此，为避免流动性带来的不足，需要加大对存款重视度，从而降低村镇银行的盈利性。

（5）支付结算渠道不畅

目前，村镇银行开办的业务主要有存款、贷款、结算三大类，但村镇银行自身及当地网络系统建设不足，导致其支付结算渠道严重不通畅，从而严重制约了村镇银行吸收存款。首先，从涉及系统来说，村镇银行自身不能直接参与资金划转与票据影像交换系统，都得委托商业银行代理汇划，使得村镇银行无法充分参与银行业的市场竞争。其次，从服务便利的角度出发，村镇银行没有独立的银联卡，网络银行尚不健全；票据汇兑业务在村镇银行业不能合理地解决，是现代银行结算功能的短板。银行卡的配套设施很少，受技术、资金、地理位置、效益等因素的制约，县以下乡镇结算网点的科技投入不足，信息化服务滞后，使得农村地区现代支付覆盖面窄。最后，村镇银行加入各类系统成本高，村镇银行加入银联要缴纳 300 万元的入会费用，这对资金实力较弱的村镇银行来说，还是一笔不小的费用。加之不能代扣代缴税金，导致原本已经开户的企业结算账户逐渐流失。

7.1.3　银行网点选址的相关研究综述

由于信息网络化脚步的加快，自然资源禀赋的作用正在逐步减小。金融地理学在借助区位地理优势的同时，更应注重社会、文化等人文因素，强调事物发展的大生境（金雪军，2004），此后的学者对金融地理学的研究强调了要综合考虑各种因素，用更全面的符合实际情况的条件因素来探讨和解决问题，使地理环境有利于其自身发展。焦瑾璞和陈瑾（2009）认为决定金融机构在农村建立网点的最重要的驱动力就是为中小企业和贫困家庭服务能够实现盈利性，此外还有金融机构的内部因素，如机构文化、竞争优势和市场多样化的成本。

Davis（1990）的金融企业选址理论认为，金融企业在做出选址决策时必须考虑以下相关因素：①供给因素，包括金融机构运行所需要的生产要素和商业环境，如合适人才的可得性、资金成本、清算体系的效率和管制扭曲等。②需求因素，服务对象对金融产品的依赖程度和服务范围及种类的满意度等，即经济主体的主观判断和客观需求是主要制约因素。③规模经济因素，从产业角度来分析影响金融产业竞争力提高的主要原因。通过金融机构自身（包括产品的创新、专业化程度的提高等）和外部（科技的进步、产业集聚、产业升级等）两方面来缩短金融活动的时间和空间，提升金融竞争力。

对金融机构网点选址的实证研究，部分学者从人文地理的角度或者从地理信息系统（GIS）的角度研究金融机构网点选址的模型。如 Miliotis et al.（米沃提斯，等，2002）在考虑了不同地区的各种因素后，使用 GIS 确定最优的网点分布的位置。柳宗伟和毛蕴诗（2004）提出以 GIS 为可视化分析平台，以神经网络和遗传算法为分析模型的综合选址方法对我国的商业银行网点选址进行了研究。叶磊等（2005）在考虑了经济因素和地理因素后构建了金融机构网点选址的模型。

国内外大量的文献实证分析了社会经济因素等对银行网点选址的影响。Hultman 和 McGee（赫尔特曼和麦吉，1989）及 Goldberg（戈尔德贝格，1991）的研究都表明，对美国的投资、外贸和母国银行业的规模与该国银行进入美国市场的数量呈正向关系。Brealey 和 Kaplanis（布里俄利和卡普里斯，1996）通过对 100 多个国家的上千所跨国机构与境外投资机构的经营选址分析得出，贸易成熟度与国外的直接投资很大程度上会影响金融机构尤其是银行的经营选址。Nobuyoshi Yamori（诺布意斯亚莫瑞，1998）以日本为例，通过分析影响跨国银行的网点选址的角度探究得出日本制造企业国外直接投资和在东道国所能获得的银行业机会是两个主要的因素影响。Türkay Dereli et al.（图凯得利，等，2010）研究了土耳其的社会经济因素和人口因素对银行存款规模的影响。Timothy 和 Hanweck（迪莫斯和韩威克，2008）研究金融机构网点数量的影响因素，结果表明了金融机构网点的数量和资产收益率成正相关，和州政府对分支机构的监管及市场集中度负相关。在城镇地区，金融机构网点数和当地的交通拥挤状况成正比。以上文献主要从国家层面研究了 FDI、国际贸易量、银行所处的市场结构、当地的经济发展状况等不同的因素对银行网点布局的影响。目前的文献研究主要集中在国外，由于数据的不可获得性，鲜有文献实证分析我国金融机构网点选址的因素。许圣道和田霖（2008）从金融排斥的角度研究了社会经济因素和金融基础设施对我国农村不同地区金融机构网点数目差异的影响。然而，我国金融机构的布局带有很强的行政色彩，因此，已有的研究文献不能完全反映社会经济因素等对我国金融机构网点布局的影响。

自 2007 开始，我国大规模的村镇银行的建立为检验金融机构网点选址理论提供了一个很好的实验数据。本书将使用来自我国已经建立的 278 家村镇银行的数据，对其网点布局的影响因素进行比较全面的实证分析，这不仅可以检验金融机构网点选址理论，而且可以为我国村镇银行网点布局提供科学合理的政策建议。

7.1.4 村镇银行网点布局的理论分析框架

影响村镇银行网点设置的因素包括了内部因素和外部因素。内部因素包括成本管理和市场多样化的成本（焦瑾璞和陈瑾，2009）。成本管理主要是要求管理者减轻由于借款者不履行或没有能力或不愿意去履行预先承诺的合同而导致的信贷交易中的违约风险。向低端客户提供服务意味着市场多样化，市场多样化的成本包括市场调查，新建或收购新的分支机构，开发新的产品，雇佣和培训员工、让他们掌握新的业务并且将其融入现有的机构文化中。这种机会成本会阻碍金融机构进入低端市场。本书中将详细分析不可控制的外部因素。

Beck 和 Torre（2007）提出 APF（Access Possibilities Frontier）这一概念，用来分析储蓄和支付服务获取可能性边界，并分析在最优约束下达到均衡时的金融服务供给和需求，以及金融机构能够服务的最大可能比例的人群。然而，通过 Beck 和 Torre（2007）的研究发现，在一定的约束条件下，能够享受金融服务的人群比例经常是低于最优比例的。金融服务获取可能性边界的分析包括了三个主要的部分均衡，从而组成了金融排斥。具体解释如下：

（1）供给不足这一约束条件导致的部分最优均衡。供给体系存在一个非有效的交易体系或相对高的交易成本，这导致了非有效的金融服务获取，即获取金融服务的人数低于最优的人数。比如金融分支机构的缺乏或金融机构撤销在偏远地区或人口稀少的金融网点，导致农户金融服务获取的成本高，风险大。

（2）在需求不足这一约束条件下的部分最优均衡。经济因素和非经济因素导致了经济成员的自我排除，从而导致了一个比潜在最优比例还要低的金融服务获取边界。较高的金融服务价格、金融知识的缺乏或歧视等都能导致特定的收入群体或种族被排除在主流的金融服务外。

（3）相对高的不安全因素或相对差的信息获取能力和契约执行环境都将导致部分国家金融服务获取边界的下降。

金融服务获取可能性边界和本书的研究在本质上是一致的，因此本书提出了用 APF 作为金融机构网点布局的理论分析框架。商业银行决定在一个社区开设分支机构的原则是成本和未来投资收益现值的对比，从新网点获得的边际收益至少和建立这个网点的成本是一样的。同时，金融服务获取可能性边界把外部变量视为重要的影响因素。包括如下两个方面的变量：

①社会经济特征。村镇银行选址时考虑的重要因素是交易成本，较高的交易成本怎样才能被克服？APF 分析框架表明了可以通过规模经济或者提高交易价值来减少单位成本。然而，村镇银行必须在富裕的地方开网点才能提高交易的价值。如果村镇银行选择在交易量低的地区开设网点，那么他们服务的将是相对少的顾客而且交易值很低。为了能够获取相同的利润，村镇银行的理性选择是聚集在交易量高的富裕地区，因为在交易量低的地区面临着高的交易成本和相对差的外部环境。

②市场大小、信用环境、信息技术及不安全因素等。这些因素在提供金融服务和降低交易成本中发挥了重要的作用。除了建立银行分支机构的成本，低水平的基础设施和机构环境也能够增加交易成本。高交易成本导致了金融体系在低水平上的均衡，从而抑制了金融服务的供给。为了扩大金融服务的获取，Beck 和 Torre（2006）的金融服务获取可能性边界表明了信息技术的进步和通信技术、公路等金融基础设施的改进、不安全因素的减少都能够使金融服务的供给从一个低水平的最优均衡转换到高水平的最优均衡，从而延伸金融服务到偏远的地区和提供金融服务给处于偏远的地区的客户，促进金融服务的供给。

此外，竞争优势也是村镇银行考虑的重要因素。和其他行业一样，各类零售金融机构在拓展市场以及业务多样化方面有各自的核心经营模式，这源于高管层对其机构核心竞争力的判断——哪些业务是机构擅长且具有竞争优势的。要让服务低端客户成为商业银行经营模式之一，可能是一种巨大的挑战。只有当零售金融机构出于商业的考虑自主地进入这一市场，向未享有银行服务的客户提供金融服务才能真正发展起来。在大城市中的金融机构通过瞄准大的公司和富裕的客户来获取利润，因此没有动力到偏远的地区为小公司和贫穷的农户开展业务。而村镇银行从建立初就定位为农民、农业和农村经济发展提供金融服务，因此村镇银行将当地的中小企业和个体工商户以及当地的农业产业作为其核心竞争优势。

把所有重要的变量考虑在银行的网点选址决定后，它们在多大程度上影响村镇银行在一个地区开设网点？综合以上的分析，同时考虑到数据的可获得性，本书提出了如下的待检验假说：

H1：在其他条件不变的情况下，表示当地经济发展水平的固定资产投资越高、就业人数多、受教育水平越高、人均收入越多、城镇化比例越高，银行就越倾向于在当地开设网点。

H2：在其他条件不变的情况下，村镇银行在当地的竞争优势越明显，其就越有可能建立网点。

H3：在其他条件不变的情况下，表示银行市场结构的人均网点数越少、当地存款额越高、存贷款差额越大，银行就越倾向于在当地开设网点。

H4：在其他条件不变的情况下，当地的信息技术水平越高、信用水平越高，银行就越倾向于在当地开设网点。

7.1.5 数据样本与分析变量

（1）分析模型的构建

根据以上的理论分析框架，本书试图经验性地分析村镇银行是否在一个地区设立网点的影响因素。不考虑内部因素，本书假定村镇银行是否在一个地方设立网点是由外部因素决定的，比如宏观经济基础、市场大小、可利用的技术、交通和通信基础设施、合约执行的有效性、信息信息技术和不安全因素等。

本书假定单个的金融机构在一个地方所能获得总收益为 π^*，可以用如下函数表示：$\pi^* = X_i^* + \varepsilon_i$，变量 X_i 是一个解释性向量，包括了如上所有的解释变量。成本 C^* 包括建立村镇银行的额外固定成本和运转成本。建立村镇银行所获得的收益至少和成本是一样的，或评估净现值必须是正的。因此本书假定银行是否会在一个社区开设分支机构仅仅满足如下的条件：π^* 大于或等于计划的成本 C^*，否则村镇银行没有动力在当地建立网点。净收益表示为如下的方程：

$$Y^* = \pi^* - c^*$$

从上式可以看出，如果 $Y^* \geq 0$，村镇银行出于利润最大化的考虑将会在新的地方建立网点；否则，假如 $Y^* < 0$，村镇银行将不会选择在新的地方设立网点。因此本书可以选用二分模型。以上影响因素和是否建立村镇银行网点的关系可以用如下的模型来表示：

$$Y = F(X_i)$$

其中 $Y = 0$ 或 1，X_i 表示宏观经济基础、市场大小、可利用的技术、交通和通信基础设施、合约执行的有效性、信息信息技术和不安全因素等。

本书采用 Probit 和 Logit 模型，Probit 回归方程的一般形式如下：

$$Y_i = c + \beta X_i$$

$$p_i = F(Y_i) = \frac{1}{2\pi} \int_{-\infty}^{Y_i} \lambda^{\frac{t}{2}} dt$$

Y_i 服从正太分布，相应概率值大于 0 且小于 1。

Logit 模型的回归方程的一般形式如下：

$$P_i = F(Z_i) = F(\alpha + \beta X^i) = \frac{1}{1 + e^{-Z_i}} = \frac{1}{1 + e^{-(\alpha + \beta X_i)}}$$

对于给定 X，P 做出某一特别选择的概率。

根据上式，得到：$Ln(\frac{P_i}{1 - P_i}) = Z_i = \alpha + \beta X_i$。

（2）分析变量的选择

根据以上的理论假说，同时考虑到数据的可得性，本书构造了 17 个具体变量，具体介绍如表 7-1 所示。

表 7-1　　　　　金融机构网点设置的变量介绍

变量	具体变量名称	描述	预期符号
社会经济特征	人均收入	GDP/当地总人数	+
	地方财政支出	当地财政支出额度（万元）	+
	城镇固定资产投资	城镇固定资产投资完成额（万元）	+
	GDP 增长率	用当地的年均 GDP 增长率表示	+
	规模工业总产值	当地规模以上企业生产总值	+
	城镇化比例	城镇人口占总人口的比例	+
	受教育水平	每百人中学在校人数	+
	就业人数	县域就业总人数	+
	是否贫困县	是否国家规定的贫困县	+
竞争优势	个体户和企业总数	当地中小企业数和个体工商户总数	+
	第一产业增加值	当地农业总产值	+

表7-1(续)

变量	具体变量名称	描述	预期符号
市场结构	每万人网点数	当地银行网点数/总人口	+
	存款规模	储蓄存款总额	+
	存、贷差	存款总额减去贷款总额	+
其他变量	信用环境	不良贷款比例	−
	信息技术	每百人电话拥有量	+
	地理位置	东部为1,中部为2,西部为3	−

（3）数据来源

本研究选取 2006—2010 年我国 278 家村镇银行为研究对象，考察我国村镇银行网点选址的因素。数据来源于我国银监会官方网站中农村金融图集公布的 2006—2009 年全国各个县市的银行类和经济类统计数据，其他变量的数据来源于 2007—2010《中国县（市）社会经济统计年鉴》中县（市）社会经济主要指标部分、国研网区域经济数据库中县级经济指标数据。本书中选取的村镇银行网点分部在 4 个年份，因此本书对 4 个年份的数据进行了平均化处理，去掉数据缺失的县（市），本书共获得 2029 个样本。

对各个变量的描述性统计如表 7-2。

表 7-2　　　　　各个变量的描述性统计分析

变量	平均值	中位数	标准差	最小值	最大值	观测数
是否有网点（Y*）	0.137	0	0.344	0	1	2029
人均收入	1.566	1.129	1.513	0.215	17.077	2029
地方财政支出	8.427	6.640	9.063	0.452	244.493	2029
城镇固定资产投资	28.357	18.120	32.674	0.167	270.476	2029
GDP 增长率	18.035	16.940	9.283	−30.598	142.460	2029

表7-2(续)

变量	平均值	中位数	标准差	最小值	最大值	观测数
规模工业总产值	9.880	3.109	24.969	0.001	410.638	2029
城镇化比例	0.229	0.192	0.139	0.017	1	2029
受教育水平	5.973	5.817	1.720	0.993	25.656	2029
就业人数	30.286	24.645	23.197	0.417	145.826	2029
是否贫困县	0.283	0	0.451	0	1	2029
个体户和企业总数	1.127	0.764	1.325	0.010	19.541	2029
第一产业增加值	12.641	9.604	10.420	0.139	66.516	2029
每万人网点数	1.415	1.246	0.777	0.240	8.483	2029
存款规模	40.419	25.914	62.009	0.098	1128.726	2029
存、贷差	0.058	0.056	0.371	-6.175	1.895	2029
信用环境	0.210	0.181	0.1644	0.007	2.942	2029
信息技术	18.211	15.410	11.944	0.479	111.042	2029
地理位置	2.153	2.000	0.823	1.000	3	2029

7.1.6 实证分析

本书实证分析了社会经济特征、竞争优势、市场结构以及信用环境、信息技术、地理位置等变量对村银行网点选址的影响。为了更好地对比分析各个变量的影响，本书同时选取了 Probit 和 Logit 模型对全部的影响因素进行了分析，如表 7-3 中模型 Probit（1）、Logit（3）所示，去掉不显著的变量后，本书再次进行了实证分析，回归结果如模型 Probit（2）、Logit（4）所示。

表7-3　　　村镇银行网点选址的影响因素分析

	变量	Probit（1）	Probit（2）	Logit（3）	Logit（4）
社会经济特征	人均收入	0.079 *	0.094 ***	0.145 **	0.159 **
	地方财政支出	0.013 ***	0.012 ***	0.032 **	0.038 **
	城镇固定资产投资	0.009 ***	0.009 ***	0.014 ***	0.015 ***
	GDP 增长率	0.006		0.010	
	规模工业总产值	-0.008 ***	-0.010 ***	-0.015 ***	-0.016 ***
	城镇化比例	0.537 *	0.498	0.997 *	0.988 *
	受教育水平	-0.032		-0.068	
	就业人数	0.006 **	0.004 *	0.010 *	0.009 **
	是否贫困县	0.064		0.097	
竞争优势	个体户和企业总数	0.027		0.041	
	第一产业增加值	0.012 **	0.011 **	0.021 **	0.019 **
市场结构	每万人网点数	-0.005		-0.032	
	存款规模	-0.002		-0.004 *	-0.003 *
	存、贷差	-0.002		0.034	
其他变量	信用环境	-0.272		-0.589	
	信息技术	0.009 **	0.006	0.016 **	0.013 *
	地理位置	0.024		0.035	
	C	-2.102 ***	-2.098 ***	-3.527 ***	-3.737 ***
	McFadden R-squared	0.130	0.125	0.126	0.122
	Total obs	2029	2029	2029	2029

注：* 代表在10%水平下显著，** 代表在5%的水平下显著，*** 代表在1%的水平下显著。

（1）社会经济特征。从模型（1）、（2）、（3）、（4）可以看出，表征社会经济特征的人均收入、地方财政支出、城镇固定资产投资和就业人数与村镇银行网点的选址成显著的正相关。在模型（2）中城镇化比例和银行网点选址的关系不显著，而在其他三个模型中成显著的正相关。GDP 增长率、受教育水平和是否是贫困县与金融机构网点选址不相关。以上分析表明了我国村镇银行目前选址主要考虑的是经济发展良好的地方，从现实发展中我们了解到，村镇银行作为一级法人银行，需要健全的组织结构、机构设置和完善的营销网络，可谓"麻雀虽小五脏俱全"，需要和商业银行一样投入大量的人力、物力资源。然而，一方面，农业在空间结构上的地域性和在生产上的季节性和周期性，使得农业相对于其他产业来说，投入产出具有较大的不确定性；另一方面农村地区第二、三产业相对落后，制约当地经济的发展。产业结构模式致使村镇银行获利空间小。从现有村镇银行布局来看，其主要分布在二三级城镇，经济严重不发达地区微乎甚微。与发达地区比，偏远地区金融机构少，竞争不充分，服务满足程度比较低。银监会设立村镇银行的目的就是为了引导国内资本到这些地区设立机构，开展业务，从而带来资金和先进的管理理念和技术，有助于提高当地的农村金融服务。因此，政策制定部门在未来几年应继续坚持布局合理、适度竞争、增强活力等目标，引导村镇银行等新型农村金融机构重点到中西部不发达、欠发达的县域和农村地区设立网点，实行城乡和区域金融资源的优化配置。

（2）竞争优势。从模型（1）、（3）看出，表示村镇银行竞争优势的个体户和中小企业数与村镇银行网点建立不相关。立足中小、微型客户，不做大客户是村镇银行的自我定位。如湖北省蕲春县虽然顶着贫困县的帽子，但该县经济较好，有大批的中小企业、微型企业、个体工商户迫切需要金融支持。而当前村镇银行的建立远远不够，所以这两者之间的关系还未反映出来。第一产业增加值和村镇银行网点建立在模型（1）、（2）、（3）、（4）中都显著正相关。这表明了村镇银行的建立都主要定位在农业产业。通过调查资料我们了解到中宁青银村镇银行选址青海中宁县主要是考虑到中宁县枸杞、硒砂瓜、林果、生物环保养猪和新材料等产业具有独特优势，经济发展活跃，市场诚信环境氛围良好，资金聚集效应明显。培育和发展新型农村金融机构的根本目的是为了更好地服务农村中小企业和农户，银监会副主席周慕冰（2011）也明确指出，不管是城市资本还是农村资本，不管是初始投资意图还是开业后市场业务运作，都要始终坚持支农、支小的市场定位，坚持小额、流动、分散的原则，面向"三农"，面向社区，不断探索灵活、便利的信贷管理和服务模式，增强金融服务功能，努力扩大服务覆盖面。

（3）市场结构及其他变量。表征市场结构的每万人网点数和村镇银行网点选址负相关，但是不显著。存款规模和村镇银行网点选址显著负相关，存贷差和网点建立不相关。经过多年的发展，大中型银行机构网络布局相对比较完善，尤其是在发达地区的县域，不少大中型银行已经设立了分支机构，如果再在当地设立村镇银行，可能与已有业务形成竞争。所以村镇银行在网点选址的时候更多地考虑到当地市场结构。如中银富登村镇银行选址湖北省蕲春县，主要是考虑到目前该县只有工、农、中、建、邮储和农信社6家金融机构，共51个网点，金融供给相对匮乏。蕲春去年的存款规模约有116个亿元，而贷款却只有35个亿元，存贷比只有约30%，金融服务空间巨大。此外，本书的实证结果还表明地理位置、信用环境和村镇银行的建立不显著。而信息技术表现出明显的正向影响，这和 Beck et al. 的结论是一致的，他发现电话网络和银行网点的延伸是正相关的。农村信息技术的完善，将提高农业的科技化程度，拓宽农产品融资渠道，增加农民收入；同时拥有电话的农户更容易接受和采纳村镇银行提供的高科技金融服务。

7.1.7 结论与讨论

村镇银行偏好于富裕地方，也是其"理性"的表现，但是缺乏政府的政策支持也是一个重要原因。村镇银行从建立的初始就肩负着支持农村经济发展、解决农村金融服务空白、增强农村金融活力的重任，政府有责任去支持村镇银行的发展。和发展很多年的农村信用社相比，村镇银行的发展缺乏很多优惠政策的扶持，这对村镇银行支农主动性、积极性产生了一定的消极影响。比如，村镇银行缺乏支持其发展的财政扶持、税费减免、农贷贴息、支农再贷款等优惠政策。为了鼓励村镇银行持续发展，至少在政策方面应该与信用社享有同样的优惠，鼓励金融机构向下一级行政地区设立村镇银行，并且不同地区实施不同的税率，适当地对村镇银行提供财政补贴，以补偿村镇银行的业务经营成本，从而激励其积极开展涉农业务。

要放宽准入限制，拓宽融资渠道。重点引进规模较大的国有商业银行、股份制商业银行和经营取向上有特色、服务"三农"和小微企业成效突出的地方发起设立的村镇银行。支持和引导各类资本到农村地区投资、收购、新设各类银行业金融机构，以实现农村金融服务的多样性。各个地方要发展自己的特色农业产业，着力培育整合大型农业企业，做大做强，以促进经济的可持续增长。政府部门也要加大对农村地区的基础设施建设，改善农村金融生态环境。

7.2 电子化金融服务与我国农村金融排斥

7.2.1 引言

"覆盖率、福利性、可持续"是包容性金融体系的三个重要评价指标，然而在为广大居住分散且偏远的农户提供包容性金融服务的过程中，高成本成为构建包容性农村金融服务体系的重要障碍之一。在金融市场中，一个能够满足客户需要的覆盖范围广泛的支付体系是必不可少的。安全、高效、可靠的支付体系能够降低物品或服务交换的成本，相对地，如果支付体系不够高效可靠，那么最终将对经济发展产生负面影响。因此，电子化金融服务体系应运而生。目前，很多国家都在探索发展电子化金融服务体系，让其成为实施包容性农村金融服务的重要工具。近年来，信息技术的快速发展创新了金融市场的交易和结算方式，金融机构的发展空间也得到了极大的拓展，金融机构的业务选择进一步向综合化的方向发展，地区的选择上进一步呈现出全球扩张的趋势。此外，世界各国信息化建设的迅速发展和广大乡村地区信息化建设的进程，更为农村电子化金融服务体系模式的创新提供了可能性和可实施性。

农村经济主体分布比较分散、业务额度较小，这使农村金融服务必然具有高成本特征。"十二五"期间，对农村支付体系的建设尤其是嵌入新型技术手段来提高支付环节效率，是我国干预农村金融排斥、构建包容金融服务体系的主要途径。那么，当前我国农村金融机构是否能把 ICT 技术作为一种传输渠道向农户提供服务？在我国乡村电子化金融服务是否具备可行性？如何在我国农村构建电子化金融服务体系？

大量的文献研究已经证明了发展中国家的电子化金融服务在经济和社会发展中的重要作用。许多研究试图找出信息化服务如何促进经济增长和消除贫困。信息技术发挥作用不是自动的，但是它们在解决穷人面对的困难时将发挥关键的作用。如目前文献所揭示的，电子化技术能增加农户的信息，减少交易成本，加强社会网络。尽管目前通过商业化的改革促进采用信息技术的成本降低已经取得了很大的成就，而且电话银行已经广泛为低收入群体采用，但是电子化金融仍然处于初级阶段。人们逐渐认识到电子化金融服务是有利润的市场，并且能促进金融服务的覆盖，从而促进经济和社会包容。加强或改革已经存在的金融机构体系是减轻金融排斥的一项长期工作。然而，短期内，要想减轻金融排斥必须发展信息技术，这对发展中国家是至关重要的（Diankov，Hart，Mcliesh，Shleifer（戴安阔、哈特、克里希、歇雷夫），2007）。

7.2.2 信息通信技术、金融包容与农村经济增长的机理分析

由于农村金融交易频次低，设立网点成本高等原因，金融机构在农村拓展金融服务的意愿不强，导致农村地区金融服务供给不足，部分乡镇甚至存在金融服务完全空白，使农户无法获取储蓄、贷款、保险等基础性金融服务，从而引发金融排除。已有的文献研究表明农村金融排除的加剧在一定程度上抑制了农村经济增长，扩大了城乡收入差距，严重阻碍了城乡统筹发展。改革现行的金融体系以缓解农村金融排除是一项长期的工作。短期内，要想减轻农村金融排除必须发展信息通信技术，这是因为作为农村金融包容重要载体的电子化金融通过借助于先进的信息通信技术，以网络为媒介，可摆脱传统金融服务在时间和空间上的限制，从而扩大了农村金融服务的供给边界，促进了农村包容性金融发展。而且中央金融改革会议也明确提出了要在农村地区建立可持续发展的普惠性金融体系，使所有农户都能够高效、快捷地享有存、贷、汇以及代收代付等基础性金融服务。因此，以信息通信基础设施为依托，在农村地区发展电子化金融服务成为当前构建包容性农村金融的重要选择。

近年来，随着中国加快推进信息通信技术基础设施建设的进程，农村金融机构以此为依托积极向县域及以下地区推广电话银行、手机银行、网上银行等电子金融产品，使"三农"客

户充分享受到了方便和快捷的金融服务。当前，农村地区电子化金融服务呈现出快速和健康的发展态势。以中国县域网点数量最多的中国农业银行为例，截至 2011 年 6 月，中国农业银行共发行惠农卡 8100 余万张，在县域配置 ATM 机 1.43 万台，存取款一体机 8800 余台，POS 机 15.4 万台，转账电话 136.1 万台，为 3 亿多农户提供现代化金融服务。如果加上农村信用社、农商行和村镇银行提供的电子化金融服务，覆盖的农户更多。那么，信息通信技术在农村金融领域的应用是否促进了农村金融包容，并带动了农村经济增长？

由于金融包容这个话题是最近几年才提出的，所以目前国内对这方面的相关理论和实证研究还处于起步阶段。对于信息通信技术、金融包容和农村经济增长之间的关系，现有文献主要围绕如下几个方面展开：①信息技术对经济增长的促进作用。丁疆辉等对中国农村信息化发展态势进行分析后得出农村信息基础设施拥有情况与居民纯收入呈明显正相关；张红历等对中国省域信息技术发展水平和经济增长的关系进行分析后得出信息技术发展对中国省域经济增长有显著促进作用；孙琳琳等认为信息化将在未来促进中国经济增长和全要素生产率增长中扮演越来越重要的角色。②金融排除对经济增长的影响。张宏彦等研究了农村金融发展对城乡收入差距的影响及农村普惠金融发展对农户收入和农村生产率的影响，结果得出农村金融发展扩大城乡收入差距，普惠金融发展将会促进农户收入增加，提升农村生产率的结论。③信息技术在应对农村金融排除中的作用。田杰和陶建平基于中国县域数据实证分析信息技术在应对金融排除中的作用，研究结果得出，信息技术的发展有效地减轻了农村金融排除。

目前国内还没有文献从理论上详细分析信息通信技术通过农村金融包容来促进农村经济增长的传导机制，本书将在这方面做比较完整的总结和分析。由于数据获取的困难，目前国内还没有文献实证分析信息通信技术是否通过农村金融包容促进农村经济增长，本书将基于中国县域的大样本面板数据，实证检验这一理论假说。为了保证结果的稳健性，本书还将采用动态广义矩方法进行检验。后续部分具体内容安排如下：①从理论上分析信息通信技术通过促进农村金融包容来带动农村经济增长的传导机制；②设定实证模型并介绍本书所使用的数据；③对实证结果分析；④稳健性检验；⑤结论与政策建议。

7.2.2.1 信息通信技术通过农村金融包容促进农村经济增长的作用机理

（1）信息通信技术在农村金融领域的应用

电子化金融服务如何减轻金融排斥？尽管大量的低收入弱势群体拥有移动电话，但是大部分的人仍然遭受了金融排斥。移动电话能够为大量的农村弱势群体提供低成本的金融服务（Jenkins，2008）。在考虑开设银行分支机构的高成本后，传统的银行无法去设立网点服务贫困农户，尤其是在偏远的地区。电子化金融服务穷人不仅要考虑便利性，而且更要考虑可接近性和可支付性（Donner（唐纳），2007），为遭受金融排斥的人群提供了一个光明的前景。

信息技术已经改变了包容性金融发展的前景，它使农户获取低成本的银行服务和独特的金融服务成为了可能。电子化金融服务被定义为通过"信息技术获取银行服务，包括银行账户或特定的银行服务"（Enriquez et al.（英瑞克，等），2009），这是信息技术促进金融包容的很多可能性之一。大量流行的电子化金融服务包括：面对面的现金交易（包括国内和国际汇款）；获取现金和购买货物；支付费用和偿还贷款（Enriquez et al.，2009）。作为传统物理网点服务渠道的有力补充和替代，电子化金融服务解决了穷人获取金融服务的两大障碍：可支付和物理距离。和传统银行相比较，电子银行并不需要耗费较高的交易费用。通过已经存在的网络，发挥现代科技的优势，比如使用信息基础设施，能够在网上提供金融服务给处于偏远的农村地区的穷人，降低了交易成本，减轻了贫困农户遭受的金融排斥。电子化金融服务的实施将极大地促进我国农村金融服务体系的多层次、广覆盖、可持续性，为农户提供连续、方便、快捷的金融服务。

电子化金融服务归纳起来主要是三种服务类型：面对面的现金交易（包括国内和国际汇款）；获取现金和购买货物；支付费用和偿还贷款。具体应用有 ATM 机、POS 机、网上银行、电话银行、手机银行、短信通、惠农卡、转账电话等。电子化金融服务在农村地区有多种实践模式，如农行在农村地区推广的"山西模式""寿光模式""重庆模式""'惠农 e 家'模式"等。

（2）信息通信技术促进农村金融包容的作用机制

信息通信技术在农村金融领域的应用能够促进农户获取金融服务，扩大金融服务覆盖面，从而促进农村金融包容。具体说来，信息通信技术主要是从以下两个方面来影响农村金融包容：

信息通信技术的发展，降低了金融机构对农户信息搜集的成本，有利于农村征信体系的建设，缓解了农户贷款中的信息不对称问题，提升了信贷服务决策效率，促进了对农户的信贷服务供给，推动了农村金融包容发展。中国目前的农村征信体系主要是中国人民银行通过已经建成的全国统一的企业和个人信用信息数据库来连接农村信用社或农村商业银行的数据库系统。农户征信系统为从事农村经济活动的农户和农村中小企业建立了一套信用档案，并搜集了相应的信息，系统的信息经过储存和加工后再交付给农村金融交易主体。但是对于地理位置偏远分散的农户或农村微型企业，由于其规模小、缺乏信用记录，金融机构很难获取相应的信贷决策信息，不愿意向其提供信贷服务。随着信息通信技术的发展，农村金融机构搜集客户或潜在客户的信息更加容易，并依托征信系统对信息进行编码、利用和分析的能力也显著提升。完备的农户征信体系提供的准确信息，可以缓解信息不对称导致的逆向选择与道德风险问题，有助于农村金融机构提高信贷决策效率，缩短放贷时间，降低信贷服务成本，最终有利于农村经营主体获取信贷服务。

农村金融机构依托先进的信息通信技术，可以开发出低成本的能够覆盖偏远、贫困地区农户的金融服务手段，促进了农村金融服务的供给。信息通信技术增加农村金融服务的供给，主要是通过推动农村无分支银行发展和支付手段创新，使偏远地区农户也能获取金融服务，提高银行服务覆盖率，促进农村金融包容。农村无分支银行主要是依托银行卡、手机或其他电信设备向农村提供价格可以接受的金融服务，避免了在农村地区尤其是偏远地区开设银行分支机构的高成本问题。无分支银行的主要形式有网上银行、手机银行和电话银行等。信息通信技术促进支付手段的创新包括 ATM、POS 终端机、短信通、惠农卡及电话转账设备等。无分支银行和农村创新性支付手段显著降低了农村金融服务的成本。据测算，处理一笔业务，网上银行和 ATM 花费的成本相当于银行机构的 1/5，使用 POS 机的成本只是银行物理网点处理同样业务的 0.5%。电子化金融服务成本的降低及在此基础上实现的金融服务创新，可以实现在任何地点和任何时间提供自助式的金融服务。

通过以上两个方面可以看出，农村信息通信技术的发展及其在农村金融领域的广泛应用增加了农户获取金融服务的可能性，实现了人人享有"平等、普惠"的农村金融服务，最终有助于包容性农村金融体系的建立，并实现可持续发展。

（3）农村金融包容促进农村经济增长的作用机制

农村金融包容的发展目标是确保所有的农户都能高质量地获取基本的金融服务，如贷款、储蓄、汇款、保险及其他风险管理工具，那么农村金融包容是否促进了农村经济增长？通过对现有文献梳理可以发现，金融包容的发展和经济发展的目标一致，金融包容是包容性经济增长的重要组成维度。农村金融包容的发展能够确保农户可以高质量地获取贷款、储蓄、汇款和保险等基础性金融服务，而金融服务的获取可以减轻农户收入和支出的波动，降低农村贫困程度，这就相当于提高了农村地区的整体收入水平，促进了农村经济增长；农村金融包容促进了农户机会的公平，激发了农村经济主体的潜能，同样有利于促进农村经济可持续的增长。但是，中国农村金融发展如果在结构和功能方面与农村经济发展实际需求不协调，也会抑制农村经济增长。

以上三部分的分析表明，信息通信技术在农村金融领域的应用有利于农村金融包容的发展，并促进农村经济增长。现有国外文献的理论和经验研究也支持了这一结论，如 BCG 通过对巴基斯坦等四个发展中国家的调查分析表明，到 2020 年，信息通信技术可使金融排斥从 20% 减少到 5%，同时使 GDP 增加 5%。Shami（沙明）认为信息通信技术降低了金融服务提供者的操作成本、使用者的搜寻与转换成本，同时增加了低收入借款者的金融可获得性，因此，信息通信技术在金融领域的应用有助于经济增长。基于以上的理论分析及现有文献的研究，本书提出如下假说：信息通信技术通过农村金融包容促进了农村经济增长。

7.2.2.2　模型设定与数据来源

（1）计量模型的设定

本书主要关注信息通信技术是否通过促进农村金融包容的

发展来带动农村经济增长，因此构建如下计量模型：

$$Y_{i,\,t} = \alpha_1 + a_1 \mathrm{ICT}_{i,\,t} + a_2 \mathrm{IFI}_{i,\,t} + a_3 \mathrm{ICT}_{i,\,t} \cdot \mathrm{IFI}_{i,\,t} + X_{i,\,t} + \varepsilon_{i,\,t}$$

$$\text{（1）}$$

其中，Y 表示农村经济增长，用人均 GDP 来表示；IFI 表示农村金融包容的水平，关于农村金融包容水平计算的详细说明可以参考田杰和陶建平详细的阐述，这一指标的简要介绍如下：

$$\mathrm{IFI} = I^r(A^r(x_1,\ m_1,\ M_1),\dots,\ A^r(x_k,\ m_k,\ M_k))$$

$$= \frac{1}{k} \sum_{i=1}^{k} \left(\frac{x_i - m_i}{M_i - m_i}\right)^r$$

IFI 的数值介于 0 到 1 之间，0 表示完全的农村金融排除，1 表示完全的农村金融包容。其中，$r = 0.25$、0.5、0.75 或 1；（本书中 $r = 0.5$，r 的选择主要是考虑到 IFI 计算的数值对农村实际金融包容水平的拟合程度）；ICT 表示信息通信技术水平，用农村每百人中电话使用量来度量。一般来说农村信息通信设施包括农户使用的家用计算机、电视、广播、电话等，考虑到数据的可得性，并参考董晓林和徐虹对金融基础设施指标的度量及 Andrianaivo（安椎莱沃）和 Kpodar（卡颇达）采用人均固定电话和移动电话的使用量来度量非洲的信息通信技术，本书用农村每百人中电话使用量来度量也是合理的；X 为控制变量，对控制变量的选取主要是参考了以往文献中影响经济增长的因素，主要包括：教育发展水平（EDU），用总人口中每百人在校中学生人数来表示，教育发展对农村经济增长有显著的促进作用，预期影响为正；产业结构（IS），用县域农村地区第二、三产业产值的增加值占当期县域 GDP 的比重表示，用来反映县域农村地区的产业结构优化升级情况，本书预期其能显著地促进农村经济增长；政府财政支出（GEB），用地方财政支出占 GDP 的比重来表示，这一指标用来衡量地方政府对农村经济活动的参与程度。一般认为政府的参与程度越高，对农村经济发展越不利，因此预期影响为负；就业率

（EMP），用从业人数比总的人口数来表示，就业率的提升能显著促进农村经济增长，预期影响为正。

本书主要关注式（1）中农村金融包容（IFI）及信息通信技术与农村金融包容交互项（ICT·IFI）的系数。图7-1、7-2和7-3分别为信息通信技术（ICT）、农村金融包容（IFI）及信息通信技术和农村金融包容的交互项（ICT·IFI）与农村经济增长之间的关系。从图7-1看出，信息通信技术和农村经济增长之间呈正相关。图7-2中农村金融包容和农村经济增长之间呈现微弱的正相关。从图7-3可以看出，信息通信技术和农村金融包容的交互项与农村经济增长之间呈正相关，但这并不能说明信息通信技术通过农村金融包容促进了农村经济增长，因为没有考虑到控制变量的影响。本书在接下来的实证分析部分将逐步加入控制变量来观察农村金融包容及信息通信技术和农村金融包容交互项（ICT·IFI）的系数，并进行分析和解释。

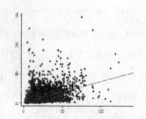

图7-1　信息通信技术与农村经济增长关系

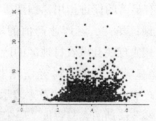

图7-2　农村金融包容与农村经济增长的关系

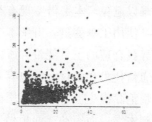

图 7-3 交互项与农村经济增长的关系

（2）本书的数据来源

农村金融包容指标中用到的数据来自于中国银监会官方网站发布的中国农村金融图集中公布的 2006—2010 年中国各个县（市）的银行类和经济类统计数据，信息通信技术数据和其他部分农村经济类数据主要来自于《中国县（市）社会经济统计年鉴》，对中国县域的选择也是参考了中国县域年鉴中公布的县（市），总共 2071 个。剔除数据缺失或存在极值的样本县（市），本书最终选取了 1743 个县（市）作为研究样本，占本书选取样本总数的 84.2%，能够代表中国农村情况。

7.2.2.3 实证分析

本书设定的实证模型主要是分析农村金融包容及信息通信技术与农村金融包容的交互项对农村经济增长的影响，需要逐步加入控制变量，所以设定了表 7-4 中的 7 个回归模型。本书首先采用静态面板模型对表 7-4 中的 7 个回归模型进行检验，发现都适用时点固定效应模型。但是仅仅进行固定效应回归得到的结果是有偏误的，因为没有考虑到模型中可能存在的内生性和异方差性。

本书首先考虑尽可能地降低模型中存在的内生性。一般来说，导致内生性的可能原因有三个：一是信息通信技术、农村金融包容分别与农村经济增长互为因果关系。二是遗漏了影响农村经济增长的重要控制变量。三是使用宏观统计数据导致的误差，但这种误差难以避免。本书借鉴现有类似文献中的方法来处理内生性：一是使用工具变量。由于本书使用的是中国县域统计年鉴，很难寻找合适的工具变量，所以只能尽可能加入控制变量，把信息通信技术和农村金融包容对农村经济增长的影响分离出来，尽量消除内生性。二是使用面板数据模型也能消除内生性。考虑到本书后面用动态面板做了稳健性检验，这里首先选用静态面板进行分析。

此外，本书使用的是 5 年期大样本面板数据，具有截面大和时期短的特点，可能存在异方差性。为了保证分析结果的稳健性，本书采用 PCSE 方法对表 7-4 中的 7 个回归结果进行了异方差修正。

表 7-4　信息通信技术、金融包容与农村经济增长的静态面板

变量	reg（1）	reg（2）	reg（3）	reg（4）	reg（5）	reg（6）	reg（7）
ICT	0.024 ***	0.025 ***	0.015 ***	-0.021 ***	-0.022 ***	-0.022 ***	-0.022 ***
	（25.842）	（25.473）	（16.103）	（-5.523）	（-5.616）	（-6.059）	（-6.100）
IFI		-0.209	-0.264	-2.264 ***	-2.317 ***	-1.924 ***	-1.932 ***
		（-1.152）	（-1.521）	（-8.820）	（-8.983）	（-7.973）	（-7.982）
ICT · IFI				0.114 ***	0.114 ***	0.094 ***	0.095 ***
				（12.401）	（12.457）	（10.928）	（10.970）
EDU			0.001		0.014 **		0.002
			（0.148）		（2.076）		（0.246）
GEB			-0.923 ***			-0.965 ***	-0.963 ***
			（-13.314）			（-13.496）	（-13.478）
IS			2.503 ***			2.616 ***	2.615 ***
			（22.110）			（22.349）	（22.323）
EMP			0.398 ***			0.355 ***	0.349 ***
			（3.880）			（3.432）	（3.323）
C	1.250 ***	1.320 ***	-0.396 ***	2.112 ***	2.052 ***	0.169	0.167
	（52.565）	（20.162）	（-3.516）	（22.074）	（20.482）	（1.286）	（1.256）

表7-4(续)

变量	reg（1）	reg（2）	reg（3）	reg（4）	reg（5）	reg（6）	reg（7）
R-squared	0.212	0.213	0.283	0.222	0.222	0.294	0.294
DW	1.675	1.673	1.675	1.631	1.629	1.618	1.616
地区效应	控制	控制	控制	控制	控制	控制	控制
时间效应	未控制	未控制	未控制	未控制	未控制	未控制	未控制

注：* 代表在10%水平下显著，** 代表在5%的水平下显著，*** 代表在1%的水平下显著，以下同。

表7-4中回归（1）首先分析了信息通信技术对农村经济增长的影响，信息通信技术的回归系数在1%的水平上显著为正。回归（2）加入了农村金融包容，其系数不显著。回归（3）中继续加入其他控制变量，农村金融包容系数依旧不显著，这表明农村金融包容没有促进农村经济增长，而图7-2中，农村金融包容与农村经济增长表现出微弱的正相关是在没有加入控制变量的情况下得出的。回归（4）、（5）、（6）和（7）中加入了信息通信技术和农村金融包容的交互项变量，其结果都在1%的水平上显著为正，这表明保持其他因素不变，信息通信技术的水平越高，则农村金融包容促进农村经济增长的效应越大。

回归（2）和（3）中农村金融包容系数不显著，回归（4）、（5）、（6）和（7）中农村金融包容的系数显著为负，即农村金融包容抑制了农村经济增长，原因在于，虽然农村金融包容在理论上具有促进农村经济增长的作用，但是中国农村金融发展如果在结构和功能方面与农村经济发展实际需求不协调，也会抑制农村经济增长。虽然回归（4）、（5）、（6）和（7）中农村金融包容系数一直显著为负，但是信息通信技术和农村金融包容交互项的系数始终显著为正。而从（1）可以看出，农村金融包容对农村经济增长总体影响系数的大小是由 a_2 和 $a_3 ICT_{i,t}$ 两部分决定的。通过带入具体数据粗略测算得到：信息通信技术水平数值高于20.3

时，农村金融包容促进了农村经济增长，而低于这个数值时，则相反。由此可以看出当地农村信息通信技术水平越高，信息通信技术通过农村金融包容促进农村经济增长的效应越强。相应的解释为：首先信息通信技术水平的完善能够显著提升当地农村征信体系的建设水平，而农村征信体系的提升能显著降低农村信贷服务的成本，提高农村信贷决策的效率，因此有利于农村金融机构增加对当地信贷资金的投放，减少了由于当地农村金融发展中存在的结构和功能失衡所导致的资金外流。其次，信息通信技术水平的提升能够扩大农村金融机构的服务边界，增加了农户对储蓄和汇款等基础性金融服务的可获得性。而农户对贷款、储蓄、汇款和保险等基础性金融服务的获取能降低贫困及促进机会的公平，激发了经济主体的潜能，促进了农村经济增长。

政府干预与农村经济增长在1%的水平上成显著的负相关，表明政府干预过多不利于农村经济增长。教育的发展、产业结构的优化和就业率的增长将有效促进农村经济增长。这与以往文献的研究结论是一致的。

7.2.2.4 稳健性检验

虽然本书前面部分克服了式（1）存在的内生性，估计结果一致稳健，但是由于联立内生性的存在，其他变量也可能存在内生性。在接下来的过程中，本书将对前面的估计结果做进一步的稳健性检验。考虑其他解释变量可能存在的内生性问题，本书运用动态广义矩模型进行重新估计。在式（1）中，信息通信技术、农村金融包容、教育水平、就业率、产业结构和政府干预都可能在一定程度上依赖当期或前期的农村经济增长，因而可能具有内生性。在前面的分析中，本书虽然尽量控制了内生性问题，但是仍难以完全克服。为了检验前述结果的稳健性，本书运用动态广义矩模型（又称动态面板数据模型）做进一步的检验。将式（1）重新设定为：

$$Y_{i,t} = \alpha_0 + \alpha_1 Y_{i,t-1} + a_2 \text{ICT}_{i,t} + a_3 \text{IFI}_{i,t} + a_4 \text{ICT}_{i,t} \cdot \text{IFI}_{i,t} + \varepsilon_{i,t} \qquad (2)$$

上式中，$Y_{i,t}$ 为各县（市）在第 t 期的人均 GDP，其他变量的定义和式（1）相同。对式（2）做一阶差分，消除固定效应的影响：

$$Y_{i,t} - Y_{i,t-1} = \alpha_1 (Y_{i,t-1} - y_{i,t-2}) + \alpha_2 (\text{ICT}_{i,t} - \text{ICT}_{i,t-1}) + a_3 (\text{IFI}_{i,t} - \text{IFI}_{i,t-1}) + a_4 (\text{ICT}_{i,t} \cdot \text{IFI}_{i,t} - \text{ICT}_{i,t-1} \times \text{IFI}_{i,t-1}) + (\varepsilon_{i,t} - \varepsilon_{i,t-1}) \qquad (3)$$

表7-5　　　信息通信技术、金融包容与农村经济
增长的动态面板（差分 GMM）

变量	xtd（1）	xtd（2）	xtd（3）	xtd（4）	xtd（5）	xtd（6）	xtd（7）
LD. $Y_{i,t-1}$	1.050 ***	1.019 ***	0.997 ***	1.041 ***	1.076 ***	1.006 ***	1.034 ***
	(37.580)	(36.780)	(40.190)	(30.820)	(31.510)	(30.920)	(32.910)
D. ICT	0.006 **	0.007 ***		-0.018 *	-0.017 *	-0.015	-0.015
	(2.350)	(2.820)		(-1.720)	(-1.700)	(-1.420)	(-1.460)
D. IFI		-1.344	-1.299 ***	-2.365 ***	-2.264 ***	-2.412 ***	-2.350 ***
		(-4.080)	(-3.920)	(-4.360)	(-4.540)	(-4.440)	(-4.550)
D. IFI · ICT				0.074 **	0.072 **	0.058 **	0.058 **
				(2.430)	(2.38)	(1.960)	(2.000)
D. EDU	0.044 *	0.062 **	0.065 ***			0.063 ***	0.056 **
	1.810	(2.580)	(2.600)			(2.760)	(2.500)
D. GEB	-0.774 ***	-0.736 ***	-0.732 ***		-0.810 ***		-0.746 ***
	(-4.400)	(-4.350)	(-4.360)		(-4.050)		(-4.440)
D. IS	1.814 **	1.686 **	1.693 **			1.712 **	1.628 **
	(2.340)	(2.190)	(2.210)			(2.080)	(2.120)
D. EMP	1.134 ***	1.254 ***	1.363 ***			1.207 ***	1.264 ***
	(2.920)	(3.280)	(3.360)			(3.260)	(3.360)
C	-1.946 ***	-1.518 **	-1.450 **	0.869 ***	0.960 ***	-1.274 *	-1.101 *
	(-2.880)	(-2.170)	(-2.110)	(4.450)	(4.950)	(-1.850)	(-1.680)
观测数	5229	5229	5229	5229	5229	5229	5229
AR1（prob）	0.0001	0.0002	0.0001	0.0001	0.0002	0.0001	0.0002
AR2（prob）	0.149	0.209	0.192	0.217	0.229	0.219	0.227
Sargan 检验的 P 值	0.230	0.152	0.156	0.258	0.274	0.158	0.192

* 代表在 10% 水平下显著，** 代表在 5% 的水平下显著，*** 代表在 1% 的水平下显著。

本节对式（3）使用动态广义矩模型估计方法，用被解释变量的滞后期以及严格外生变量的差分作为模型（3）的工具变量对模型进行估计。表7-5给出了式（3）的估计结果。根据表7-5的回归结果可以看出，信息通信技术与农村金融包容交互项的系数显著为正。由此可以得出：保持其他因素不变，信息通信技术水平越高，则农村金融包容促进农村经济增长的效应越大。相比回归结果（2）中农村金融包容系数不显著，在回归结果（3）、（4）、（5）、（6）和（7）中，农村金融包容对农村经济增长的影响显著为负，而信息通信技术与农村金融包容交互项的系数显著为正，这突显了信息通信技术的作用。因此本书再次验证了此前的结论：信息通信技术通过农村金融包容影响了农村经济增长，即在信息通信技术水平高的地方，农村金融包容促进了农村经济增长。其他变量符号也与表7-4的估计结果完全一致，本书在此不再重复阐述。

7.2.2.5 结论与政策建议

本节主要检验信息通信技术通过农村金融包容促进农村经济增长这一理论假说，并运用中国2006—2010年1743个县（市）的面板数据进行检验。在控制了影响农村经济增长的其他因素后，运用固定效应模型发现：信息通信技术通过农村金融包容影响了农村经济增长，即在信息通信技术水平高的地方，信息通信技术通过农村金融包容显著地促进了农村经济增长。为了克服其他解释变量可能存在的内生性，本节运用动态广义矩方法对模型进行了稳健性检验，再次支持了以上的结论。根据以上的研究结论，本节提出如下两方面的政策建议：

在农村地区继续加强信息通信基础设施建设，同时要在此基础上继续推广可持续发展的电子化金融服务。中国农村地区正在进行的"三网融合"发展战略，为农村电子化金融发展提供了重要机遇。借助于实施商业可持续的电子化金融服务，各类农村金融机构不仅可以为农户提供安全、高效和可靠的电子化金融，而且也能够为自身带来可观的利润。因此，在农村地区尤其是偏远的地区大力推广电子化金融服务成为了首要选择，并以电子化金融服务为突破口，在农村构建包容性金融体系。

针对农村金融包容较少促进农村经济增长的现状，本节认为要继续深化现有的农村金融体制改革。比如：涉农贷款税收优惠、定向费用补贴、增量奖励等已经在推广的政策；发展微型金融组织来健全农村金融组织体系，重塑农村金融市场主体，使农村金融能真正服务农村经济；引导涉农金融机构在可持续发展的基础上也要积极践行社会责任，加大农村金融资源的投入。

7.2.3 国外乡村电子化金融服务的实践

7.2.3.1 印度模式

印度工业信贷投资银行（ICICI）在创新电子化服务模式方面走在了各国前列。ICICI 最初在农村大规模铺设物理网点，但是高昂的交易成本最终导致了其失败，其后开始尝试电子化金融服务。尤其是进入 21 世纪，在政府的支持下，ICICI 在乡村地区开始大规模建立互联网信息站，即通过信息技术的植入，在农村地区提供便利的网银收费服务和免费信息咨询服务等基础性的金融服务。在实际运行中，ICICI 采取了"电脑吧"的形式将信息站交给当地高素质的青年农民管理，并实行商业化运作。

（1）加强信息技术运用

为了促进印度包容金融体系的建设，RBI 鼓励商业银行普遍推广信息技术，主要目的是为了保证交易更加安全，能够方便地进行审计并且能够用统一的标准把所有的交易系统连接起来，如印度成功推广运用的电子福利支付系统。这个系统是 RBI 在与各邦政府沟通协调的基础上，广泛采用电子福利支付系统来统一发放国家农村就业保障计划的工资和社会保障支出。目前，印度政府绝大部分向农村居民发放的支付都通过这套系统来完成；此外，对于一些银行分支机构无法覆盖到的地方，印度银行业金融机构采用了生物识别智能卡来提供基本的银行服务，并有选择性地在一些商店安装了连接银行网络的刷卡终端来提供取款、代缴费用等业务。

（2）在全国范围开展包容金融全覆盖活动

"包容金融100%实施县"是 RBI 在每个邦发起实施的一个活动，活动的主要内容是定期评估信息技术发挥的杠杆作用，以及对于各个县包容金融发展的最终促进程度。此外，RBI 还要保障低收入群体都能获得银行机构所提供的免费或较低成本的基本账户，这类基本账户被允许存留非常低的余额（甚至为零）；并且，RBI 要求各银行对这类账户执行最低的收费标准，从而能广泛地覆盖低收入群体。RBI 要求银行能为穷人提供便利的信用工具，叫通用信用卡（GCC），GCC 的最高额度为 2.5 万卢比，主要是为了促使开户人激活账户交易；对于那些年底存款余额没有达到 5 万卢比、信贷额度低于 10 万卢比的新开立的账户，RBI 则会要求银行将程序"了解你的客户（KYC）"进行简化，从而进一步简化了城乡低收入群体开户遇到的困难。2009 年以来，RBI 对商业银行摆放 ATM 从审批制到实现了完全放开。

7.2.3.2 肯尼亚模式

在肯尼亚，全国只有 19% 的人口可以获取正规银行机构提供的金融服务，农村地区获取金融服务的人口比例更低。从2006 年开始，小额信贷机构 Jamii Bora 开始在广大农村地区大力安装 POS 机，推出磁条卡和指纹鉴定技术，尤其是针对偏远地区，以此来推广偏远地区的借款、还款业务及其他相关的电子金融服务，到目前为止，Jamii Bora 已经拥有了 15 万用户。

肯尼亚的一个叫 Faulu 的微型金融机构最近开始试验一个叫 M-Pesa 的项目，通过与 Vodafone 机构的 Safaricom 公司建立合作关系，该微型金融机构可以向借款持有者的移动电话中的 M-Pesa 银行账户上授予信贷信用额度，借款者于是就可以在 Safaricom 公司的交易商处把信用额兑换成现金。该项目也允许使用者将货币保存在虚拟的"贮值"账户里面，客户通过移动电话来接受或是偿还贷款，经销商随后就可以以文本形式向 Faulu 发送消息，从而调整客户的贷款账户信用额。更为方便的是，客户可以将自己的可用余额直接转到移动电话中，以用于购买话费或者直接以货币形式贮存起来等。而后，电信运营商将客户存储在 M-pesa 账户上的资金统一汇集到个人账户中，并且委托商业银行集中管理。

7.2.3.3 巴西模式

巴西移动市场在近 20 年经历了一次显著的增长，在 2009 年年底已经达到了 92% 的渗透率（1.76 亿的用户，6.8% 是 3G 使用者）。巴西有四大电信运营商（Vivo、Claro、Oi 和 TIM），但是没有任何运营商占据主导地位。巴西政府成功要求所有公司都有义务去覆盖所有的地区。巴西拥有 3G 服务的城市在显著的增加。到 2009 年年底，超过 63% 的人口拥有至少一个公司提供的手机服务。巴西的银行体系是拉丁美洲最具包容性的一个：43% 的人口拥有一个银行账户。巴西每十万居民拥有 15 个银行网点和 18 个 ATM 机，仅次于这个地区的智利。

巴西是第一个拉丁美洲的国家对电子金融服务采取特定监管措施。甚至从 1973 年就开始了，当时还没有对电子货币金融服务进行监管。其汇款的规模和价值也很庞大，虽然仅仅占了 GDP 的 1%，其总量在 2007 年有 71 亿元，主要是来自美国、日本和欧洲。在巴西获取汇款的农户中，63% 拥有银行账户，移动公司和银行合作，开始使用 WAP 技术提供基本的交易（转账和账户咨询）。而且，直到 2007 年才开始广泛提供金融服务。

在巴西，银行使用销售终端设备 POS 机，如银行卡读卡器，在各零售店和邮局的网点开展传输账单、邮政储蓄、信贷、保险以及资金转账等多种业务。通过这种方法，巴西把金融服务几乎扩展到每一个行政区域。而建设这种终端系统的成本，只相当于建设一个标准银行分支机构成本的 0.5%。巴西银行通过在零售网点使用 POS 设备，在以前没有银行设施的东北部偏远贫困地区建立了银行服务渠道。

7.2.3.4　菲律宾模式

2009 年年底菲律宾的移动电话普及率达到 82%（6500 万用户），这是亚洲 3G 服务表现最好的市场之一，该市场主要由两个 GSM 运营商（智能通信和 Globe 电信）控制着近 90% 的市场份额。在 2008 年，第三个运营商，Digitel 移动进入市场，迅速获得了 10% 的市场份额。菲律宾是少数几个电子支付和电子化银行取得重大突破的发展中国家，2000 年菲律宾开始实施大银行与小银行合作，如 Banco de Oro 银行，其能通过雇主的电话领取工资，支付他们的费用和接收国内和国际汇款。根据最近的信息发展研究，2006 年，250 万人（申请者有 2000 万人）在使用这些智能的金融服务。

全球电信于 2004 年进入电子化银行市场，推行其所谓的手机钱包和 G-Cash、G-Cash 是一种便携式的 ATM，并且能被用于汇款、转账和支付，连接着 3500 个代理网络终端。全球电信没有和任何银行机构建立合作伙伴关系。客户不需要提前准备好卡或银行账户来获取金融服务。

现在全球电信正在扩大其使用支付平台，用于农村银行贷款支付和偿还。据 Proenza（2007）的研究，菲律宾电子化银行的成功因素是其庞大的城市人口和短信文化，这也间接表明了大部分人口的收入低下和年轻群体的文化程度较高。在基础设施的需求方面，电子化银行需要广泛的可以支付的移动网络覆盖范围，实惠的价格以及负担得起的 SIM 卡，而这在菲律宾都满足。

总之，这些发展中国家的金融机构通过在乡村地区创新电子化金融服务，有效地延伸了金融服务半径，降低了运营成本，并且提供了及时、高效、可行的基础金融服务。

7.2.4 农村地区发展电子化金融服务的优势

（1）成本优势

在农村金融服务领域，电子银行可以帮助银行解决建立网点的高成本和处理小额交易的高成本两大问题，减少低收入人群和居住在偏远地区的人们获取金融服务的成本，并保证能可持续地提供金融服务。低成本可以使发展中国家的贫困人口有能力享受正式的金融服务，特别适合偏远山区和成本偏高的农村地区。

发达国家开设互联网银行和自动柜员机等处理业务的成本只相当于一个银行柜员成本的 1/5。秘鲁信贷银行估算，如果通过传统银行完成现金交易的成本为 0.85 美元，那么通过手机银行完成现金交易的成本仅为 0.32 美元。在菲律宾，通过手机银行完成一笔业务的成本平均仅为传统银行的 1/5，分别为 0.5 美元和 2.5 美元。巴基斯坦 Tameer 银行通过搜集卡拉奇的数据得出，一个实体银行网点所耗费的成本是建立一个零售代理点的 30 倍（零售代理点耗费的成本为 1400 美元）。相对于银行网点的每月 28 000 美元的运营成本，零售代理仅仅为 300 美元。

（2）技术优势

金融机构物理网点的高成本导致依靠其服务农村的"良好愿望"已无法实现。近年来，随着我国县域经济的发展，农户对金融服务需求明显增强，而现有的农村金融机构网点布局和人员数量配置均难以满足广大农村地区客户的金融服务需求特点，极大地影响了农村金融在服务"三农"中的"支农主力军"作用。电子化金融的技术优势表现在如下两个方面：电子化技术在农村金融服务中的应用有效地延伸了农村金融机构服务半径，破解了在农村偏远地区构建金融支付体系的难题，切实提高了农村地区金融机构的服务水平；电子化金融服务凭借价格相对低廉的成本优势，将有效地增加农户的金融产品消费能力，而且通过广泛采用基于现代通信科技手段的电子化金融服务技术，摆脱了传统银行对网点、人员的依赖性，进而实现了在农村地区实行可持续且可以有效利用低成本的现代通信技术提供存款、汇款、贷款和保险等基础性金融服务的目的。

7.2.5 我国农村地区发展电子化金融服务的环境分析

（1）政策环境

当前我国政府开始重视在农村地区发展信息技术来增加金融服务的供给。人民银行出台了各种措施[①]不断改善农村支付服务环境，畅通农村支付结算渠道，为构建我国农村包容性金融体系创造了良好的环境；农业银行联合商务部、移动通信公司等在整合了农村商品流、信息流和资金流后，共同推动"万村千乡工程"信息化建设，打造了现代化的农村流通网络。国家"村村通"系统工程加快农村金融电子化创新步伐。比如，我国在广大农村地区先后陆续实施了乡村电话网、有线电视网、互联网等信息基础设施网络建设工程，并且结合道路交通和邮政分布情况，基本实现了"村村通"的目标。

"十二五"期间，工信部将继续依靠三大电信运营商，本着

---

① 中国人民银行 2009 年出台了《中国人民银行关于改善农村地区支付服务环境的指导意见》。

加快我国乡村信息服务站点建设的工作重点，在我国广大农村地区积极实施通信"村村通"工程。农村信息化的推广不仅便利了农村居民的生活，使其更便捷地获取信息服务，而且有助于提高农业生产效率和加快推进社会主义新农村建设。"村村通"的网络建设及配合当地的道路交通和邮政等，为乡村地区电子化金融服务的开展提供了良好的环境基础，并提供了有效的技术保障。伴随着国家各项有利政策的不断出台以及完善，信息技术的发展和电子化金融服务的不断创新还将为我国农村包容金融体系建设带来更大的发展空间。

（2）经济环境

国家对"三农"的支持力度加大。

近年来，党中央、国务院加快了对于农业现代化和社会主义新农村建设的推进。在国家统一的战略部署下，财政、社保、农业服务多管齐下，不断增加对于"三农"的投入，显著增强利农惠农力度。"十二五"期间，农村经济社会发生了深刻变革，社会主义新农村建设向纵深推进，国家强农惠农政策力度进一步加大。根据财政部的预测，中央财政投入"三农"年增速至少为23%，累计投入达到7.94万亿元，年均投入也超过1.5万亿元。更重要的是，惠农资金所衍生出来的支付结算业务对农村电子化金融服务产生强大的需求。

农村经济的发展进一步增强了农户对于电子化金融服务的需求。

随着中央一系列扶农惠农政策的推出，近些年来，惠农效果逐渐显现。农民在生产经营、收入分配、生活水平等方面的条件逐步改善，农村经济发展呈现良好势头。同时，伴随着农村城镇化水平的快速推进，第二、三产业在整个城镇经济中的比重持续加大，由此衍生的农村消费、支付、融资、信贷、理财等金融服务需求也在不断增强，进一步为县域电子化金融服务的发展提供了稳固的基础。

农村信息化建设成效明显。

随着城镇化进程的加快，以前由部分偏远地区交通、通信、电力设施落后等制约因素而引起的电子渠道建设艰难等问题正逐步解决。目前，全国行政村通信网络覆盖率已达到 99.9%，开通互联网的行政村比例已达到 91.5%，使用手机上网的农村用户已累计 7189 万，农村的信息化建设已经取得明显成效，电子化金融服务大力发展的基础已得到有效加强。

（3）社会环境

电子化金融服务能有效弥合城乡发展的不平等。伴随着改革开放步伐的不断加快，我国深层社会转型也正在如火如荼地进行。城乡之间的社会发展差距在不断显现，更有学者将其称为"两个时代"或"两个文明"。如何实现城乡社会的均衡发展，缩小并消灭城乡社会差距，实现我国农村经济的包容性增长成为学者和政策制定者面临的重大难题。国际货币基金组织的 Andrianaivo 和 Kpodar（2011）使用来自非洲国家调查数据的研究表明了信息技术将会促进非洲国家包容性金融的发展，从而带动非洲国家整体经济的包容性增长。这一研究结果对我国发展电子化金融服务来解决城乡不均衡发展有重要启示意义。当前，互联网的快速发展在将人类尤其是城市的生产力发展水平提高到一个崭新的阶段的同时，也进一步加剧了城乡间的数字鸿沟，将农村远远地甩在了后面。目前的首要任务就是通过在乡村广泛大力推广计算机、互联网的使用，进而达到实现缩小城乡信息技术差距的目的。电子化金融服务就是一剂"良药"，它在农村的广泛应用可以将农户全面纳入到现代社会循环之中，缩小城乡差距。因此，发展乡村电子化金融成为弥合城乡断裂的有效措施。

农民的金融消费观念逐步增强。当前，国家加大了农村教育投入力度，农民科学文化素质得到显著提高；城镇化进程的加快极大地影响了农户对电子化金融服务的认识。城镇化使得外出务工的农民工人数迅速增加，他们通过与城市的接触，逐渐接触到了现代化的金融知识，并逐渐形成了运用电子渠道的习惯，同时也对其他农户发挥良好的带动和示范作用，进而为优化农村金融环境、发展电子化金融服务创造了有利条件。

（4）技术环境

金融服务领域引进的计算机和移动通信技术，使我国在农村地区提供低成本、低风险的基础金融服务成为了可能。如银行可以使用 POS 机系统来提供几乎所有的金融产品和服务，从而能更有效地替代银行分支结构。近年来，我国农村信息化基础设施建设速度呈加快趋势，截至 2009 年年底，全国通电话的行政村、具备互联网接入条件的乡镇、开通宽带的乡镇比例分别达到99.5％、97%和92%。伴随着3G技术的不断成熟，手机支付等点对点的交易形式逐渐比网络支付更为安全。尤其是欠发达地区农村信息化基础设施的不断完善，更为我国在广大农村地区开展电子化金融服务提供了可能性。

7.2.6　电子化金融服务在我国农村的应用

7.2.6.1　电子化金融产品介绍

目前，适合乡村的电子化金融服务产品主要包括惠农卡、转账电话、ATM 机、POS 机、网上银行、电话银行、手机银行、短信通。这些乡村电子化金融服务产品的功能和用途如表7-6所示。

惠农卡和转账电话。惠农卡是中国农业银行推出的面向"三农"的创新金融产品，这种借记卡附加了满足"三农"服务需要的功能。

表 7-6   乡村电子化金融渠道产品的功能比较

惠农卡	金穗惠农卡除具有金穗借记卡存取现金、转账结算、消费、理财等各项金融功能外,还可向持卡人提供交易明细、农户小额贷款、农村社保医保身份识别及费用代缴代付、农村公用事业代收付、财政补贴代理等多种特色服务。
ATM 机	提款、存款、转账、查询、缴费等服务。
转账电话	转账、查询、缴费等服务。
POS 机	进行非现金结算。
网上银行	账户信息查询、转账交易、漫游汇款、贷记卡还款、网上缴费、理财服务、信息管理、网上外汇宝、电子工资单查询等服务。
电话银行	账户查询、转账、信息查询、账户管理、投资理财、业务受理、咨询投诉和产品营销等功能。
手机银行	账户查询、转账、漫游汇款、贷记卡还款、账户管理等多种服务。
短信通	账户上的资金变动、需要还贷的金额和日期、推出的新业务新产品等消息发布。

ATM。由于 ATM 必须用人工方式经常补充现金或是清空现金,因此,在人口密集的地区设立 ATM 是最为节省成本的方法。印度 ICICI 银行正在率先试验一种低成本的 ATM,它可以抵御高温,也可以处理被污损和揉皱了的纸币。

POS 机。一般被用于处理支付交易。它可以是一个读卡器,一部移动电话,也可以是一台个人电脑,一个条形码扫描器,或是任何可以识别客户并接受指令转移一定金额的硬件设备。POS 机设备都需要通过电话线、移动电话或者是互联网与外界相连。因此,超市、药店、邮局以及其他零售店就成了 POS 机理想的设置地点。银行或者支付处理公司把 POS 机租给零售网点,在处理电子支付交易中收取费用。零售网点通常要向银行支付销售额的一定比例作为处理支付交易的费用。

手机银行。手机银行是金融电子化渠道的另一个重要领域。银行业金融机构与移动通信运营商之间通过跨行业合作，整合货币电子化与移动通信业务，借助移动互联网络平台，以手机作为终端，向客户提供银行服务的一种金融服务方式。从国际发展经验来看，广大发展中国家的低收入人口和偏远地区人口是使用手机银行的一个主要群体，手机银行可以减少他们获得金融服务的成本，并保证金融服务的可持续性提供。

7.2.6.2 我国农村地区电子化金融服务的成功应用

（1）山东寿光模式

·推出"专用POS+网上银行"交易组合，蔬菜采购商（买方）持金穗借记卡直接在市场电子结算中心的POS机上刷卡，将资金划入蔬菜批发市场电子结算中心单位银行卡账户。卖方客户在收取货款时，蔬菜批发市场利用网上银行的单笔代付功能直接将应付资金实时转入卖方的金穗借记卡。推出了既有场内结算功能又有银行卡功能的联名卡—"金穗寿光农产品物流园卡"。

·创新农户一卡多功能支付结算方式。2009年以来，中国人民银行积极推动农业银行山东省分行与寿光市政府合作开展"惠农一卡通"试点工作。农业银行惠农卡除了具有普通银行卡功能，还具有农户小额贷款，承接各项支农、惠农财政补贴资金等功能。针对农村网点少的状况，农业银行与乡镇政府合作，在每个村的村委、农资服务超市、村卫生室均设立"'三农'金融服务站"，站站安装转账电话，户户发放"惠农一卡通"。

·引导推出农民自助服务终端，创新"农民卡、折+自助终端"支付方式。寿光农村商业银行在山东省率先开展"农民自助服务终端"试点，将其安放在特约农户家中。该自助终端基本涵盖了储蓄网点的业务范围，可以满足农民客户基本的金融服务需求。

·大力推广转账电话业务，创新个体经营户之间的支付方式。转账电话可提供 365 天 24 小时不间断服务，十几秒钟就能完成一笔转账业务。截至 2010 年 3 月底，寿光涉农银行机构已布放转账电话 3836 部，完成交易 130 多万笔，交易金额 60 多亿元。

（2）内蒙古阿荣旗模式

内蒙古阿荣旗通过扩大支付体系广度，基本实现了现代化支付清算系统对农村金融机构网点的覆盖。农村地区银行卡受理市场环境得到了大幅提升，以银行卡为主体的非现金支付方式得到快速发展，全旗需补贴农户基本实现一户一卡。截至 2010 年 10 月末，阿荣旗企业及个人银行结算账户数量达到 38.19 万户，相比 2009 年年末增长 30.6%。银行卡发卡 22.89 万张，相比上年年末增长了 31.4%。ATM 机数量达 15 台，相比上年年末增长了 1.14 倍，POS 机（不含电话 POS）达 72 台，相比上年年末增长了 2 倍，布放点由加油站发展到在地税、社保缴费、服装、餐饮和旅游消费等诸多行业的网点。

成功经验：

创新粮食收购非现金结算模式。结合网上银行开通情况，对粮食收购企业、收购经纪人、卖粮户等整个粮食购销环节配套不同的非现金结算方式。

利用各类支农、惠农财政补贴资金拨付推动银行卡发放；组织金融机构开拓市场，增加具有信贷功能的惠农卡以及预算单位工资卡的发放；建立宣传培训长效机制。

加快推动金融服务基础设施建设。一是积极指导和鼓励农村金融机构加快支付系统延伸推广及账户服务体系搭建，加快银行自助服务终端的推广，扩大联网通用覆盖范围。二是积极推动金融机构构建以网点为基础，以金融自助服务终端为延伸，以网银支付、固话支付、手机支付为补充的多渠道、多层次的城乡一体化支付服务网络。

资料来源：2009 年《中国人民银行农村金融服务报告》。

7.3　本章结论

村镇银行在应对我国农村金融排斥中发挥了积极作用，但是村镇银行发展也面临着一些困境，通过对影响我国村镇银行网点选址因素的研究结果表明：表征社会经济特征的人均收入、地方财政支出、城镇固定资产投资、城镇化比例、就业人数和金融机构网点选址正相关。表示金融机构网点竞争优势的第一产业增加值和金融机构网点建立正相关。这表明了我国当前村镇银行网点选址偏好于经济发展良好地区的同时，也将自己的竞争优势定位于农业产业。此外，村镇银行偏好于在信息化水平高的地方建立网点。

信息通信技术通过促进农村金融包容带动了农村经济增长。电子化金融通过提供便利、可支付和可接近的金融服务来应对农村金融排斥。印度、肯尼亚、巴西和菲律宾的电子化金融服务发展经验值得借鉴。在农村地区发展电子化金融服务具有成本优势和技术优势，我国农村地区发展电子化金融服务具备良好的政策环境、经济环境、社会环境和技术环境。电子化金融服务在我国农村部分地区也得到成功的推广和应用。

8　结论与研究展望

8.1　研究结论

（1）我国农村金融排斥的现状不容乐观，但是总体仍表现出了 σ 收敛和 β 收敛

2009 年全国及各个省份金融机构网点分布不均匀且农村金融密度偏低、资金外流严重、贷款投放比例小、农户及中小企业获取贷款比例偏低，这表明了我国农村金融排斥现状不容乐观。然后，本书采用 σ 收敛、β 收敛和"俱乐部收敛"3 种分析方法，使用来自我国 2006—2009 年县（市）的数据，以金融排斥指数（IFE）为衡量指标，对我国农村金融排斥的收敛性进行分析，并对影响农村金融排斥的关键因素进行了条件 β 收敛的检验。研究表明：我国各个县（市）金融排斥总体存在 σ 收敛并表现出明显的 β 绝对收敛特征。控制了地理位置、人均 GDP、城镇化比例、受教育水平、城乡收入差距、信息技术、就业率和商业环境后，我国农村地区金融排斥表现出条件 β 收敛；东、中、西三大地区不存在"俱乐部收敛"，东、西部地区呈现发散，中部地区表现出收敛。

（2）社会经济因素和信息技术是导致我国农村金融排斥的主要诱因

我国各个县（市）农村金融排斥的测算及影响因素的经验性分析表明：东、中、西部农村地区金融排斥依次递增；表征社会经济特征的人均收入、就业率、教育水平、商业化程度、城镇化比例、政府对经济发展的支持力度等越高，农村金融排斥越低；用城乡收入差距表示的不平等程度越高，农村金融排斥度越高；信息技术使用比例越高，农村金融排斥越低；中西部地区、少数民族地区更有可能遭受较高的农村金融排斥。

（3）农村金融排斥的上升将会导致我国农村生产率低下、城乡收入差距扩大、农户收入降低

我国农村金融排斥对农村生产率影响的实证分析结果表明：我国农村金融排斥对农村生产率的影响为负，组成农村金融排斥的贷款使用效用维度和产品接触维度的排除抑制了农村生产率增长；中部地区农村金融排斥的生产率效应为负，西部地区不显著，可能其他更为重要的因素在发挥着作用；东部地区不存在效率损失。

我国农村金融排斥对城乡收入差距影响的实证结果表明：农村金融排斥的上升会扩大城乡收入差距，而且非农产业比例高的县（市），农村金融排斥的上升会缩小城乡收入差距；东、西部地区农村金融排斥扩大了城乡收入差距，中部地区不显著。

我国农村金融排斥对农户收入影响的实证分析结果表明：我国农村金融排斥对农户收入具有显著的抑制效应，组成农村金融排斥的地理渗透性和产品接触性与农户收入负相关；储蓄和贷款服务的使用效用性和农户收入正相关，原因在于我国县域农村金融发展在结构和功能失衡；东部地区农村金融排斥和农户收入负相关，而中、西部地区农村金融排斥和农户收入正相关。

（4）村镇银行和电子化金融服务在应对我国农村金融排斥中将发挥重要作用。当前，我国村镇银行选址偏好于经济发展良好的地区，同时也将自己的竞争优势定位于农业产业。信息通信技术通过金融包容促进农村经济增长。国外电子化金融服务的发展经验值得借鉴，我国农村具备发展电子化金融服务的优势。

　　村镇银行在应对我国农村金融排斥中发挥了积极作用，但是村镇银行的发展也面临着一些困境，对我国村镇银行网点选址因素的经验性分析表明：村镇银行更倾向于在中西部设立网点，表征社会经济特征的 GDP 增长率、地方财政支出、城镇固定资产投资和金融机构网点选址正相关。表示金融机构网点竞争优势的第一产业增加值和是否建立金融机构网点正相关。为了促进我国村镇银行的发展，要加大对其的政策支持，激励其到贫困地区积极开展涉农业务；同时要发展农业产业，着力培育整合大型农业企业。此外，信息技术的推广也将有力推动我国村镇银行的发展。

　　电子化金融通过提供便利的、可支付的和可接近的金融服务来应对农村金融排斥。实证分析也表明我国发展信息通信技术通过农村金融包容促进了农村经济增长。印度、肯尼亚、巴西和菲律宾的电子化金融服务发展经验值得借鉴。在农村地区发展电子化金融服务具有成本优势和技术优势，我国农村地区发展电子化金融服务具备良好的政策环境、经济环境、社会环境和技术环境。电子化金融服务在我国部分农村地区也得到成功的推广和应用。

8.2　政策建议

（1）增设金融网点，着力提高农村地区金融服务覆盖面

县域内偏远的地区金融服务网点偏少，金融服务设施严重不足，基本不在县域城镇金融核心的辐射范畴，很难与城镇互动联通。要解决这一问题，应着力完善网点布局，做到"不空白"。在所有金融服务空白乡镇设立固定营业网点，让农民钱有地方存、款有地方取、账有地方转、票有地方汇；所有社会群体都能获取所需要的金融服务，尤其是遭受严重金融排斥的农村贫困群体；按照《中国银行业监督管理委员会关于调整放宽农村地区银行业金融机构准入政策更好支持社会主义新农村建设的若干意见》，积极鼓励各类社会资本进入农村地区提供金融服务，如发起设立村镇银行、贷款公司、农村资金互助社等，着力解决农村地区金融机构网点覆盖率低、金融供给不足、竞争不充分等问题，同时实现城乡金融网络的多角度、多层次联通。

（2）对农村地区金融机构的资金外流实施必要的限制，促进储蓄资源用于当地县域经济的发展

通过政府干预来促进农村包容性金融体系建设。比如通过行政干预的方法对机构设立和农业信贷投放执行强制标准，政府还可以考虑对涉农金融服务提供财税优惠的正向激励。农村金融排斥是农村金融服务领域的市场失灵，具有很强的外部性。因此，政府必须发挥其在干预农村金融排斥中的作用，比如制定相关的政策来有效防止农村地区金融机构的撤离，从而防止金融机构在农村地区的撤离；规定银行业金融机构在欠发达地区提供的存贷款服务将作为对其的重要考核指标；在谨慎和安

全性原则下，提取一部分新增存款用于本土经济发展的需要，使金融机构能合理分配该地区的借贷配额。这样的制度设计在提高当地存贷比的同时，将有效遏制农村资金的持续外流。此外，政府要针对农村金融排斥进行渐进性干预，通过实施激励性制度安排，如适度放宽存贷款利率、减免金融业务营业税等的政策措施，吸引外部资金流入农村地区。

（3）普及金融服务的新技术，通过将信息技术应用在金融业来不断完善农村金融基础设施建设，有效减少农村金融排斥

农村地区金融服务机构要不断实现农村金融服务多样化，拓宽支付结算领域。农村信用社要从当地实际出发，运用灵活多样的形式，大力开发让农民满意又具发展前景的电子金融服务产品；鼓励农户和个体工商户使用银行卡等现代支付结算工具；充分发挥信用社服务农村的地理优势，积极为农村地区客户开办代收水、电费，代发工资及各类财政补贴等业务。具体的实践如山东省农信社与我国电信集团山东分公司在通信服务、业务代理、产品提供、资源共享等领域开展全面合作，对于加快金融科技网络在农村地区的覆盖和延伸具有重要作用。

要在农村地区大力宣传电子化支付结算业务，全面提高农户对支付结算工具的认知和信任。农村金融机构可以联合地方政府，在广大农村地区开展多形式、多渠道支付结算业务的宣传工作，并在允许的条件下全面推广。

依托乡镇政府和公安部门，各个县域银行类金融机构应按照当地的实际和潜在需求着力布设 ATM 机等自助设备，做到金融服务能够覆盖需要的人群。按照"镇镇有 ATM，村村有 e-POS"的规划，在乡镇网点安装 ATM 机，在欠发达的乡镇，可考虑将 POS 机安装在较大的特约商店，开通银行卡的跨行交易功能，而且要方便农户的日常交易，为农村各种财政补贴的发放提供便捷的渠道，充分利用银行卡在存款、取款、转账等方

面的功能，实现农村地区各商业网点结账畅通无碍。

（4）加快农村城镇化、工业化、农业产业化进程，推动县域经济发展

县域社会经济特征中城镇化比例、就业率、商业文化环境、收入不平等、政府对当地经济的支持力度等指标要素对减轻金融排斥的作用打破了以往研究中的以割裂的视角看待城镇、农村金融排斥问题。县域经济的发展将会有效解决我国广大农村地区的金融排斥。县域经济在农村和城市之间起着连带作用，一方面带动农业转型、农民转移和农村经济结构转变的历史重任；另一方面，促进农村剩余劳动力等资源向城市转移，为城市的可持续发展提供了保障。我国75%的人口集中在县域，其吸纳了65%的农村劳动力，加快县域内城镇化、工业化、农业产业化进程将会成为我国经济发展的主要动力，从而会有效解决城乡二元经济的巨大差异，消除收入不平等，无疑是破解金融排斥最具现实性意义的路径选择。因此，应从县域内城乡统筹的视角，借鉴城镇、农村经济地域系统的耦合机制与规律，充分利用城镇经济的扩散力，实现农村金融外部性的内部化。

（5）推广金融知识，增强中低收入群体的金融普及教育

农户的受教育水平和农村金融排斥正相关，因此，需要整合各方资源，推动我国农村金融教育事业的创新与发展。农村金融教育培训是一项送金融知识下乡、培育农民和农村经济主体信用、增智扶贫的重要举措和制度安排。从农民最关心、最直接、最现实的问题出发，解决"三农"贷款难、农村金融服务落后等问题，构建包容金融体系，为农村金融创新创造有利条件。在这方面，国内已有的实践模式给我们提供了经验借鉴：

"金惠工程"在我国农村地区开展的金融教育活动。农村金融教育培训工程是中国金融教育发展基金会根据目前农村金融发展现状，在全国贫困地区开展的农村金融教育活动。其目的

是为了提高贫困地区农村金融机构从业人员的素质，提高广大农民和基层干部的金融知识水平，推动农村金融组织创新及金融产品和服务创新，发展小额信贷，构建包容金融体系，解决"三农"贷款难的问题，助推扶贫开发工作的发展。

教育培训模式主要包括两个部分：一个是组织模式，一个是运行模式。在组织模式方面，基金会总部成立了"金惠工程"项目组，主要负责教材编写修订，志愿者管理、培训，农村金融教育和金融创新规划、指导等工作。运行模式主要包括教育培训操作程序、渠道和平台以及运行机制，如动力机制、激励机制、质量控制和效果评估机制等。

中国金融教育发展基金会选择国家贫困县江西遂川县启动农村金融教育培训试点工作。试点期间将以中国人民银行为主导，依托各涉农金融机构自身业务和政府培训资源，借助志愿者组织和涉农金融机构培训力量，对农村基层干部、农民和乡村微小企业主开展广泛的农村金融教育培训活动，使其学会运用金融致富，当好诚信客户；对县及县以下农村金融机构及小额信贷组织的信贷业务骨干进行小额信贷业务和技术培训，提高其金融服务水平；对县、乡（镇）领导和县涉农部门领导进行农村金融改革、小额信贷、农业保险及合作经济等方面的培训，使其了解金融，提高运用金融杠杆发展农村经济的能力。通过农村金融教育和农村金融创新改革农村信用环境和金融生态环境，提高贫困地区农民在金融服务方面的可获得性，从而助推扶贫开发事业。

8.3 研究展望

本书采用了 Chakravarty（2010）开发的金融排斥指数及

Beck 提出的测度包容性金融的八个指标对我国农村金融排斥进行了测度，揭示了我国农村金融排斥的现状，并对我国农村金融排斥的收敛性进行了分析，然后使用来自县域农村的数据实证分析了农村金融的诱因及农村金融排斥导致的后果，最后结合以上的研究，本书提出了发展村镇银行和电子化金融服务来应对我国农村金融排斥。本书的研究是对以上问题的一个初步探讨，文中还有许多地方需要改进，值得未来的学者继续探讨，具体包括如下几个方面：

（1）农村金融排斥的测度指标有待进一步完善，比如农村保险和汇款服务是测度金融排斥的重要指标，但是限于数据的不可获得性，没有考虑在测度模型中。此外，目前对 IFE（金融排斥指数）并没有权威的测度方法，本书的研究也是借鉴了印度学者开发的模型，未来学者们可以继续探讨如何开发出更精确的金融排斥测度模型。

（2）数据的缺乏严重影响了学者对金融排斥的实证研究，未来的金融排斥研究者需要继续从宏观层面搜集金融排斥测度指标的相关数据。中国银监会从 2006 年开始发布农村金融服务图集，这极大地促进了我国农村金融排斥的实证研究，但是仍然缺失保险和汇款等相关数据。世界银行从 2006 年开始已经着手搜集全世界的金融排斥数据，并且公布一个调查报告。我国的相关职能部门和研究机构可以借鉴世界银行的做法，加强对我国金融排斥相关指标数据的搜集。

（3）目前文献对金融排斥的研究更多是基于宏观层面，包括本书的研究。将金融排斥理论的研究对象更深入一步——拓展到微观层面，从而分析其与个人福利间关系的研究，这对于加深金融排斥的理解无疑有重要意义。基于实验经济学方法从微观层面分析储蓄、贷款和保险对个人福利的影响成为了近年来国外学者研究的热点，目前国内很少见相关的研究。国内比较有代表性的一篇文献是蔡洪滨（2011）采用了随机自然实验的数据实证分析了农业保险、信任和经济发展的关系。未来学者可以继续探讨储蓄、贷款获取对个人福利的影响。

（4）金融排斥作为一个新兴的研究主题，目前已经获得了一定的研究成果。然而纵观各文献，更多的是对金融排斥的实证性研究，而对于其背后深层次的理论分析却相当缺乏，从而也导致了目前对金融排斥的研究更多是属予"实践"层面。包括本书的研究都未能从理论上揭示金融排斥是如何具体作用于生产率、收入分配和贫困的。因此，急需要学者们加强对金融排斥的理论分析，从而能进一步加深对金融排斥的认识和理解。

参考文献

［1］陈志刚，王皖君. 金融发展与中国的收入分配：1986—2005［J］. 财贸经济，2009（5）：36-41.

［2］曹凤岐. 建立多层次农村普惠金融体系［J］. 农村金融研究，2010（10）：64-67.

［3］杜博."大+小"新型农村金融服务电子化渠道建设的若干思索［J］. 农村金融研究，2011（11）：20-23.

［4］杜晓山. 服务弱势群体应发展普惠金融体系［J］. 农村金融研究，2008（2）：42-44.

［5］杜晓山. 普惠性金融体系理念与农村金融改革［J］. 中国农村信用合作，2006（10）：23-24.

［6］段景辉，陈建宝. 城乡收入差距影响因素的非参数逐点回归解析［J］. 财经研究，2011（1）：101-111.

［7］方凯，李树明. 甘肃省农民用水者协会绩效评价［J］. 华中农业大学学报：社会科学版，2010（2）：76-79.

［8］高沛星，王修华. 我国农村金融排斥的区域差异与影响因素——基于省际数据的实证分析［J］. 农业技术经济，2011（4）：93-102.

［9］郭兴平. 基于电子化金融服务创新的普惠型农村金融体系重构研究［J］. 财贸经济，2010（3）：13-19.

［10］龚剑玲，高善生. 金融服务创新——关注金融排斥人

群 [J]. 经济问题, 2009 (2): 100-103.

[11] 何光辉, 杨咸月. 手机银行模式与监管: 金融包容与中国的战略转移 [J]. 财贸经济, 2011 (4): 46-54.

[12] 何德旭, 饶明, 王智杰. 论社区银行与金融包容性发展 [J]. 中共中央党校学报, 2011 (5): 36-40.

[13] 何德旭, 饶明. 我国农村金融市场供求失衡的成因分析: 金融排斥性视角 [J]. 经济社会体制比较, 2008 (2): 108-114.

[14] 黄明. 我国农村金融排斥问题研究 [D]. 长沙: 湖南大学, 2010.

[15] 胡荣才, 冯昶章. 城乡居民收入差距的影响因素——基于省级面板数据的实证研究 [J]. 中国软科学, 2011 (2): 69-79.

[16] 洪正. 新型农村金融机构改革可行吗?——基于监督效率视角的分析 [J]. 经济研究, 2011 (2): 44-58.

[17] 韩旭, 韩淑丽. 我国居民收入差距变动分析——基于1978—2003 年时间序列分析 [J]. 财经问题研究, 2006 (10): 74-80..

[18] 韩薇. 西方货币与金融地理学研究 [D]. 济南: 山东大学, 2007.

[19] 金雪军, 田霖. 金融地理学: 国外地理学科研究新动向 [J]. 经济地理, 2004 (6): 721-725.

[20] 静大祝, 张国春. 村镇银行发展过程中迫切需要解决的几个问题 [J]. 内蒙古金融研究, 2010 (5): 44-46.

[21] 姜太鑫. 我国金融排斥研究 [D]. 西安: 西北大学, 2011.

[22] 蒋满霖. 新农村建设中农村金融生态质量的实证分析——以安徽为个案 [J]. 华中农业大学学报: 社会科学版, 2009

（1）：14-20.

[23] 蒋莉莉. 欧盟金融排斥状况及启示 [J]. 银行家，2010（8）：114-117.

[24] 景浩. 当前我国村镇银行经营发展现状及问题分析 [J]. 农村金融研究，2011（4）：39-43.

[25] 焦瑾璞，陈瑾. 建设中国普惠金融体系——提供全民享受现代金融服务的机会和途径 [M]. 北京：中国金融出版社，2009：1-203.

[26] 梁明丽. 我国普惠性农村金融体系建设研究 [D]. 济南：山东经济学院，2011.

[27] 刘莉芬. 武汉城市圈金融排斥问题研究 [D]. 武汉：武汉理工大学，2010.

[28] 刘嫦娥，李允尧，易华. 包容性增长研究述评 [J]. 经济学动态，2011（2）：96-99.

[29] 李涛，王志芳，王海港，等. 中国城市居民的金融受排斥状况研究 [J]. 经济研究，2010（7）：15-30.

[30] 李猛. 金融宽度和金融深度的影响因素：一个跨国分析 [J]. 南方经济，2008（5）：56-67.

[31] 李通禄，郑长德. 普惠金融理论文献研究 [J]. 武汉金融，2010（8）：38-40.

[32] 李明贤. 新中国60年农村金融改革发展的回顾与展望 [J]. 湖南社会科学，2009（5）：81-85.

[33] 李明贤，叶慧敏. 我国农村普惠金融贷款技术再造研究 [J]. 求索，2010（9）：8-10.

[34] 李然，冯中朝. 中国各地区油菜生产率的增长及收敛性分析 [J]. 华中农业大学学报：社会科学版，2010（1）：27-31.

[35] 李通禄. 中国西部地区的金融与发展 [D]. 成都：西

南民族大学，2010.

　　［36］刘民权，徐忠，俞建拖，等. 农村信用社市场化改革探索［J］. 金融研究，2005（4）：99-113.

　　［37］刘津. 构建我国可持续发展普惠金融体系研究［D］. 昆明：云南财经大学，2011.

　　［38］陆宇嘉，杨俊，王燕. 中国农村减贫机制的区域差异——基于 2000—2007 省际面板数据的实证研究［J］. 江西财经大学学报，2011（1）：63-71.

　　［39］陆智强，熊德平，李红玉. 新型农村金融机构：治理困境与解决对策［J］. 农业经济问题，2011（8）：57-61.

　　［40］陆文喜，李国平. 中国区域金融发展的收敛性分析［J］. 数量经济技术经济研究，2004（2）：125-128.

　　［41］陆磊，王颖. 以社区型金融机构为载体构建中国包容制金融框架：从微观到宏观［J］. 农村金融研究，2010（5）：11-17.

　　［42］柳宗伟，毛蕴诗. 基于 GIS 与神经网络的商业银行网点选址方法研究［J］. 商业经济与管理，2004（9）：55-59.

　　［43］孟飞. 金融排斥及其治理路径［J］. 上海经济研究，2011（6）：80-89.

　　［44］潘林. 村镇银行发展的九个两难选择［J］. 农村金融研究，2011（11）：51-56.

　　［45］潘传快，熊巍. 基于因子分析法的湖北省新农村建设实证分析［J］. 华中农业大学学报：社会科学版，2010（3）：60-63.

　　［46］钱水土，许嘉扬. 中国农村金融发展的收入效应——基于省级面板数据的实证分析［J］. 经济理论与经济管理，2011（3）：104-112.

　　［47］苏基溶，廖进中. 中国金融发展与收入分配、贫困关

系的经验分析——基于动态面板数据的研究 [J]. 财经科学,
2009 (12)：10-16.

[48] 苏晓龙，李晔. 农业银行电子渠道服务"三农"问题
研究 [J]. 农村金融研究，2011 (11)：24-28.

[49] 隋艳颖，马晓河，夏晓平. 金融排斥对农民工创业意
愿的影响分析 [J]. 广东金融学院学报，2010 (3)：83-92.

[50] 隋艳颖，马晓河. 西部农牧户受金融排斥的影响因素
分析——基于内蒙古自治区7个旗（县）338 户农牧户的调查数
据 [J]. 中国农村观察，2011 (3)：50-60.

[51] 陶建平，田杰. 县域农村视角的我国农村金融发展收
入效应分析——来自 1772 个县（市）面板数据的实证研究
[N]. 华中农业大学学报，2011 (6)：24-28.

[52] 田杰，陶建平. 农村金融密度对农村经济增长的影响
——来自我国 1883 个县（市）面板数据的实证研究 [J]. 经济
经纬，2012 (1)：108-111.

[53] 田杰，陶建平. 我国农村金融发展与城乡收入差距关
系研究——来自我国县（市）面板数据的经验证据 [J]. 中国
流通经济，2011 (10)：123-127.

[54] 田杰，陶建平. 农村金融排除对城乡收入差距的影响
——来自我国 1578 个县（市）面板数据的实证分析 [J]. 中国
经济问题，2011 (5)：56-64.

[55] 田杰，陶建平. 我国农村普惠性金融发展的生产率效
应分析——来自 1867 个县（市）数据的实证研究 [N]. 华中农
业大学学报，2012 (1)：28-32.

[56] 田杰，陶建平. 农村金融排斥的空间差异及其收敛性
分析——来自我国 1871 个县（市）的数据 [J]. 统计与信息论
坛，2011 (12)：97-102.

[57] 田杰，陶建平. 社会经济特征、信息技术与农村金融

排除——来自我国 1765 个县（市）的经验证据［J］.当代经济科学，2012（1）：58-65.

［58］田杰，陶建平.农村普惠性金融发展对中国农户收入的影响——来自 1877 个县（市）面板数据的实证分析［J］.财经论丛，2012（2）：57-63.

［59］田杰，熊学萍，易发海.农户征信制度的理论与实践探析［J］.征信，2010（1）：10-12.

［60］田杰，熊学萍，李淑华.农户征信制度运行绩效评价——来自湖北省农信社的数据［J］.征信，2010（5）：1-5.

［61］田杰，熊学萍.农户对农村信用社服务满意度的 Logistic 模型评价——以湖北省为例［J］.湖北社会科学，2009（1）：72-74.

［62］田霖.我国金融排斥的城乡二元性研究［J］.中国工业经济，2011（2）：36-45.

［63］田霖.我国金融排斥空间差异的影响要素分析［J］.财经研究，2007（4）：107-119.

［64］田霖.区域金融成长差异——金融地理视角［M］.北京：经济科学出版社，2006：47-87.

［65］田霖.我国城乡居民金融包容与福利变化的营养经济学探析［J］.金融理论与实践，2011（9）：3-7.

［66］唐礼智，刘喜好，贾璇.我国金融发展与城乡收入差距关系的实证研究［J］.农业经济问题，2008（11）：44-48.

［67］吴雄周，曾福生.湖南城市可持续发展水平的区域差异实证分析——基于因子分析法和聚类分析法［N］.华中农业大学学报：社会科学版，2010（5）：99-103.

［68］温涛，冉光和，熊德平.中国金融发展与农民收入增长［J］.经济研究，2005（9）：30-43.

［69］王修华，邱兆祥.农村金融发展对城乡收入差距的影

响机理与实证研究 [J]. 经济学动态, 2011 (2)：71-75.

[70] 王伟, 郑思海, 田杰. 农村政策性金融支持现代农业发展研究 [N]. 郑州航空工业管理学院学报, 2009 (1)：11-16.

[71] 王伟, 田杰. 基于 DEA 模型的财政金融支农资金配置效率实证研究 [J]. 武汉金融, 2009 (5)：58-60.

[72] 王伟, 田杰. 政策性农业保险试点省份农户参保意愿实证研究——以河南为例 [J]. 金融理论与实践, 2010 (1)：35-38.

[73] 王伟, 田杰. 我国金融排除的空间差异及影响因素分析 [J]. 金融与经济, 2011 (3)：13-17.

[74] 王虎, 范从来. 金融发展与农民收入影响机制的研究——来自中国 1980—2004 年的经验证据 [J]. 经济科学, 2006 (6)：11-21.

[75] 王华峰. 包容制视角下的农村金融制度建设探析 [J]. 金融理论与实践, 2010 (10)：77-81.

[76] 王修华. 新农村建设中的金融排斥与破解思路 [J]. 农业经济问题, 2009 (7)：42-48.

[77] 王修华, 贺小金, 何婧. 村镇银行发展的制度约束及优化设计 [J]. 农业经济问题, 2010 (8)：57-62.

[78] 王修华, 曹琛, 程锦. 中部地区农村金融排斥的现状与对策研究 [N]. 河南金融管理干部学院学报, 2009 (3)：87-91.

[79] 王修华, 李乐, 谭开通. 欧盟成员国金融排斥水平及破解：比较与借鉴 [J]. 上海金融, 2012 (1)：18-23.

[80] 王修华, 邱兆祥. 农村金融排斥：现实困境与破解对策 [J]. 中央财经大学学报, 2010 (10)：47-52.

[81] 王修华, 邱兆祥. 农村金融发展对城乡收入差距的影

响机理与实证研究［J］. 经济学动态, 2011（2）: 71-75.

［82］王志军. 金融排斥: 英国的经验［J］. 世界经济研究, 2007（2）: 64-68.

［83］王君, 陈军. 农村地区推广移动支付业务的可行性分析——基于对湖南张家界市农村地区的实践调查［J］. 农村金融研究, 2011（11）: 15-19.

［84］翁书扬, 李美杰, 林欣. 农村电子化服务渠道建设的"五化"之路——以农业银行为例［J］. 农村金融研究, 2011（11）: 29-33.

［85］武巍, 刘卫东, 刘毅. 西方金融地理学研究进展及其启示［J］. 地理科学进展, 2005（4）: 19-27.

［86］夏慧. 普惠金融体系与和谐金融建设的思考［J］. 浙江金融, 2009（3）: 18-19.

［87］许圣道, 田霖. 我国农村地区金融排斥研究［J］. 金融研究, 2008（7）: 195-206.

［88］徐少君, 金雪军. 中国金融排除影响因素: 理论和实证研究［J/OL］.［2008-10-25］. http: //wise. xmu. edu. cn/ youth-forum2008/paper/.

［89］徐少君. 中国区域金融排除研究［D］. 杭州: 浙江大学, 2008.

［90］徐少君, 金雪军. 农户金融排除的影响因素分析——以浙江省为例［J］. 中国农村经济, 2009（6）: 62-72.

［91］徐少君, 金雪军. 国外金融排除研究新进展［J］. 金融理论与实践, 2008（9）: 86-91.

［92］徐峰. 银行网点选址因素的实证研究［D］. 杭州: 浙江工业大学, 2009.

［93］徐李孙, 孙涛. 包容性增长与我国农村金融改革发展［J］. 山东社会科学, 2011（4）: 91-95.

[94] 项俊波. 构建普惠农村金融体系 服务城乡统筹发展 [J]. 中国农村金融, 2011 (2)：7-10.

[95] 余新平, 熊晶白, 熊德平. 中国农村金融发展与农民收入增长 [J]. 中国农村经济, 2010 (6)：77-86.

[96] 杨兆廷. 农村金融机构收缩对农村经济影响的实证分析 [J]. 上海金融, 2009 (5)：91-93.

[97] 杨俊, 王燕, 张宗益. 中国金融发展与贫困减少的经验分析 [J]. 世界经济, 2008 (8)：62-76.

[98] 叶磊, 韩冬, 向科. 银行分支机构选址模型分析 [J]. 农村金融研究, 2005 (10)：43-45.

[99] 袁云峰, 曹旭华. 金融发展与经济增长效率的关系实证研究 [J]. 统计研究, 2007 (5)：60-66.

[100] 姚耀军, 曾维洲. 金融发展和全要素生产率：一个文献回顾 [J]. 浙江社会科学, 2011 (3)：144-149.

[101] 叶慧敏, 李明贤. 我国农村普惠金融发展的机遇分析 [J]. 中国林业经济, 2009 (4)：48-51.

[102] 张军, 金煜. 中国的金融深化和生产率关系的再检测：1987—2001 [J]. 经济研究, 2005 (11)：34-45.

[103] 褚保金, 莫媛. 基于县域农村视角的农村区域金融发展指标评价体系研究——以江苏省为例 [J]. 农业经济问题, 2011 (5)：15-20.

[104] 赵勇, 雷达. 金融发展与经济增长：生产率促进抑或资本形成 [J]. 世界经济, 2010 (2)：37-50.

[105] 赵冬青, 王树贤. 我国村镇银行发展现状的实证研究 [J]. 农村经济, 2010 (7)：77-81.

[106] 赵伟, 马瑞永. 中国区域金融发展的收敛性、成因及政策建议 [J]. 中国软科学, 2006 (2)：94-101.

[107] 郑长德. 中国区域金融问题研究 [M]. 北京：中国

财政经济出版社，2007：28-70.

[108] 张杰. 中国金融成长的经济分析 [M]. 北京：中国经济出版社，1995：25-30.

[109] 张立军，湛泳. 金融发展影响城乡收入差距的三大效应分析及其检验 [J]. 数量经济技术经济研究，2006（12）：73-81.

[110] 张维迎，柯荣住. 信任及其解释：来自中国的跨省调查分析 [J]. 经济研究，2002（10）：59-70.

[111] 张甜迪. 西部地区建立普惠性农村金融体系研究 [D]. 昆明：云南财经大学，2010.

[112] 周孟亮，李明贤. 普惠金融下小组联保模式与小额信贷机制创新 [J]. 商业经济与管理，2010（9）：51-58.

[113] 周立. 农村金融新政与金融排异 [J]. 银行家，2008（5）：98-99.

[114] 周立，陈桔. 探索社会金融理论促进普惠金融建设 [J]. 银行家，2010（11）：92-95.

[115] 周建波，金芙杰，郭彤华. 农村金融体系盈利性、公平性研究新进展 [J]. 经济学动态，2010（11）：120-125.

[116] 张宏彦，何清，余谦. 中国农村金融发展对城乡收入差距影响的实证研究 [J]. 中南财经政法大学学报，2013（1）：56-64.

[117] 丁疆辉，刘卫东，吴建民. 中国农村信息化发展态势及其区域差异 [J]. 经济地理，2010（10）：1693-1699.

[118] 张红历，周勤，王成璋. 信息技术、网络效应与区域经济增长：基于空间视角的实证分析 [J]. 中国软科学，2010（10）：112-123.

[119] 孙琳琳，郑海涛，任若恩. 信息化对中国经济增长的贡献：行业面板数据的经验证据 [J]. 世界经济，2012（02）：

3-25.

［120］田杰，贾天宇，陶建平．中国农村普惠性金融发展的生产率效应——来自1867个县（市）数据的实证研究［J］．华中农业大学学报：社会科学版，2012（3）：28-32．

［121］田杰，陶建平．社会经济特征、信息技术与农村金融排除——来自中国1765个县（市）的经验证据［J］．当代经济科学，2012（1）：58-65．

［122］陶建平，田杰．县域农村视角的我国农村金融发展收入效应分析——来自1772个县（市）面板数据的实证研究［J］．华中农业大学学报：社会科学版，2011（6）：24-28．

［123］董晓林，徐虹．中国农村金融排斥影响因素的实证分析——基于县域金融机构网点分布的视角［J］．金融研究，2012（09）：115-126．

［124］Beck T，Demirguc-Kunt A，Martinez Peria M S．Reaching out：Access to and Use of Banking Services across Countries［J］．Journal of Financial Economics，2007，85（1）：234-266．

［125］Boston Consulting Group．The Socio-economic Impact of Mobile Financial Services Analysis of Pakistan，Bangladesh，India，Serbia and Malaysia［Z］．Working Paper，2011．

［126］Shamin，F．The ICT Environment，Financial Sector and Economic Growth：A cross Country Analysis［J］．Journal of Economic Studies，2007，34（4）：352-370．

［127］Andrianaivo M，Kpodar K．Mobile Phones，Financial Inclusion and Growth［J］．Review of Economics and Institutions，2012，3（4）：1-30．

［128］Andrianaivo M，Kpodar K．ICT，Financial Inclusion and Growth：Evidence from African Countries．［2011-11-20］．http：//www．imf．org/external/pubs/ft/wp/2011/wp1173．

[129] Acemoglu D, Aghion P, Zilibotti F. Distance to Frontier, Selection and Economic Growth. Journal of the European Economic Association [J]. 2006, 1 (4): 37-74.

[130] Appleyard L. Community Development Finance Institutions (CDFIs): Geographies of financial inclusion in the US and UK Geoforum [J]. 2011, 42 (2): 250-258.

[131] ANZ. A report on financial exclusion in Australia [R/OL]. [2004-10-26]. http://www. anz. com/aus/ aboutanz/community/programs/pdf/FinancialExclusion-FinalReport.

[132] Ameriks J, Zeldes SP. How Do Household Portfolio Shares Vary with Age? [OL]. [2004-4-25]. http://papers. ssrn. com/sol3/papers. cfm? abstract_ id=292017.

[133] Bartiloro L, De Bonis R. Do financial systems converge? New evidence from household financial assets in selected OECD countries [OL]. [2005 - 1 - 23]. http://www. bis. org/ifc/publ/ifcb31ac.

[134] Battese GE, Coelli TJ. A model for technical inefficiency effects in a stochastic production frontier for panel data [J]. Empirical Economics, 1995, 2 (20): 325-332.

[135] Barr MS. Banking the poor [J]. Yale Journal on Regulation, 2004 (21): 122-239.

[136] Beck T, Honohan P. Finance for All? Policies and Pitfalls in Expanding Access [OL]. [2007-10-20] http://siteresources. worldbank. org/INTFINFORALL/Resources/4099583 - 1194 373512632/FFA_ book.

[137] Beck T, Demirguc-Kunt A, Martinez Peria M S. Reaching out: Access to and use of banking services across countries [J]. Journal of Financial Economics, 2007, 85 (1): 234-266.

[138] Berger AN, Klapper LF, Udell. The ability of banks to lend to informationally opaque small business [J]. Journal of Banking and Finance, 2001 (25): 2127-2167.

[139] Beck T, Levine R. Big Bad Banks? The Impact of U. S. Branch Deregulation in Income Distribution. [2007-3-20]. http: //www. nber. org/papers/w13299.

[140] Beck T, Demirgüç-Kunt A. Access to Finance: An Unfinished Agenda [J]. World Bank Econ Rev, 2008, 22 (3): 383-396.

[141] Beck T, Augusto de la T. The Basic Analytics of Access to Financial Services [J]. Financial Markets, Institutions and Instruments, 2007, 2 (16): 79-117.

[142] Berger AN, Klapper LF, Udell GF. The ability of banks to lend to informationally opaque small business [J]. Journal of Banking and Finance, 2001 (25): 2127-2167.

[143] Bencivenga VR, Smith BD, Starr RM. Transactions Costs, Technological Choice and Endogenous Growth [J]. Journal of Economic Theory, 1995, 1 (67): 341-360.

[144] Bencivenga VR, Smith BD. Financial Intermediation and Endogenous Growth [J]. Review of Economic Studies, 1991, 58 (2): 195-209.

[145] Bhandari AK. Access to Banking Services and Poverty Reduction: A State-Wise Assessment in India [OL]. [2011-5-20]. http: //ssrn. com/abstract=1395079.

[146] Brealey RA, Kaplanis EC. The determination of foreign banking location [J]. Journal of International Money and Finance, 1996, 15 (4): 577-597.

[147] Buckland J, Guenther B, Boichev G. There are no

banks here: Financial and Insurance Exclusion Services in Winnipeg's North End [M]. Canada: University of Winnipeg press, 2005.

[148] Burgess R, Rohini P. Do Rural Bank Matters? Evidence from the Indian Social Banking Experiment [J]. The American Economic Review, 2005, 95 (3): 780-795.

[149] Buera FJ, Shin Y. Financial Frictions and the Persistence of History: A Quantitative Exploration [OL]. [2010-2-28]. http://www. artsci. wustl. edu/~yshin/public/frictions.

[150] Caskey JP, Durán CR, Solo TM. The Urban Unbanked in Mexico and the United States [OL]. [2006-2-15]. http://www - wds. worldbank. org/servlet/WDSContentServer/WDSP/IB/2006/ 01/26/000016406_ 20060126162730/Rendered/PDF/wps3835.

[151] Cai HB, Chen YY, Fang HM, Zhou LA. Microinsurance, Trust and Economic Development: Evidence from a Randomized Natural Field Experiment [OL]. [2011-12-5]. http://www. nber. org/ papers/w15396.

[152] Claessens S, Honohan P, Rojas - Suarez L, Policy Principles for Expanding Financial Access [OL]. [2009-10-20]. http://ideas. repec. org/p/ess/wpaper/id3301. html.

[153] Chakravarty SR, Pal R Measuring Financial Inclusion: An Axiomatic Approach [OL]. [2010-1-23]. http://ideas. repec. org/p/ind/igiwpp/2010-03. html.

[154] Chaia A, Dalal A, Goland T, Gonzalez MJ, Morduch J. Half the World is Unbanked [OL]. [2010-5-30] http://financialaccess. org/sites/default/files/110109%20HalfUnbanked_ 0.

[155] Cole S, Sampson T, Zia B. Valuing Financial Literacy Training [OL]. [2009-2-20]. http://siteresources. worldbank. org/INTFR/Resources/Ziaetl030309.

[156] Davis EP. On the development of international financial centers [J]. The Annals of Regional Science, 1990 (22): 181-94.

[157] Dermish A, Kneiding C, Paul L, Branchless I. Mobile Banking Solutions for the Poor: A Survey [OL]. [2010-7-15]. http://ssrn.com/abstract = 1745967 or http://dx.doi.org/10.2139/ssrn.

[158] Devlin JF. A detailed study of financial exclusion in the UK [J]. Journal of Consumer, 2005 (28): 75-108.

[159] Demirguc - Kunt A, Levine R. Finance, Inequality: Theory and Evidence [OL]. [2009-1-28]. http://www.nber.org/papers/w15275.

[160] Demirguc - Kunt A, Levine R. Finance, Inequality: Theory and Evidence [OL]. [2009-2-25]. http://www.nber.org/papers/w15275.

[161] Dereli T, DurmuşogiuA, Ali AH, Gür F. An empirical model for bank branch planning: the case of a Turkish Bank [OL]. [2010-10-25]. http://www.rij.eng.uerj.br/scientific/2007/sp074-04.

[162] Diniz E, Birochi R, Pozzebon M. Triggers and barriers to financial inclusion: The use of ICT-based branchless banking in an Amazon county [OL]. [2011-8-16]. http://www.sciencedirect.com/science/article/pii/S1567422311000433.

[163] Flores - Roux EM, Mariscal J, The Enigma of Mobile Money Systems [OL]. [2010-6-15.] http://ssrn.com/abstract = 1810675.

[164] FSA. Financial Capability in The UK: Establishing a Baseline. [2006-4-25]. http://www.fsa.gov.uk/pubs/other/

fincap_ baseline.

[165] Gallardo J, Goldberg M, Randhawa B. Strategic alliances to scale up financial services in rural areas [OL]. [2006-10-20]. http：//siteresources. worldbank. org/INTACCESSFINANCE/ Resources/ Strategic Alliances.

[166] Guiso L, Sapiens P, Zingales L. Trusting the Stock Market [OL]. [2008-12-25]. http：//www. nccr-finrisk. uzh. ch/media/pdf/conferences/PaperSapienza.

[167] Greenwood J, Smith BD. Financial markets in development, and the development of financial markets [J]. Journal of Economic Dynamics and Control, 1997, 21 (1)：145-181.

[168] Giorgio C , Riccardo DB, Donald DH. Determinants of Bank Branch Expansion in Italy [OL]. [1999-11-5]. http：// www. ssc. wisc. edu/econ/archive/wp9932.

[169] Grosse R, Goldberg LG. Foreign bank activity in the United States：An analysis by country of origin [J]. Journal of Banking and Finance, 1991, 15 (6)：1093-1112.

[170] Hajaj K. Illiteracy, Financial Services and Social Exclusion [OL]. [2001-7-28]. http：//www. staff. vu. edu. au/alnarc/onlineforum/AL_ pap_ hajaj.

[171] Honohan P. Cross-country variation in household access to financial services [J]. Journal of Banking and Finance, 2008 (32)：2493-2500.

[172] Hersi WM. The Role of Islamic Finance in Tackling Financial Exclusion in the UK [D]：[Doctoral thesis]. UK：Durham University, 2009.

[173] Hultman CW, Randolph ML. Factors affecting the foreign banking presence in the U. S [J]. Journal of Banking and Fi-

nance, 1989, 13 (3): 383-396.

[174] Jayasheela N, Dinesha Jr PT, Hans VB. Financial Inclusion and Microfinance in India: An Overview [OL]. [2010-10-20]. http://india. microsave. org/sites/default/files/Financial_Inclusion_ and_ Microfinance_ in_ India_ An_ Overview_ Jayasheela_ Dinesha_ P. T_ and_ V_ Basil_ Hans.

[175] Karlan D, Morduch J. Access to Finance [M]. New York, Handbook of Development Economics, 2009.

[176] Karlan D, Morduch J. Access to Finance: Ideas and Evidence-Risk Management and Insurance [OL]. [2009-6-20]. http://www. microfinancegateway. org/p/site/m/template. rc/ 1. 1. 4152.

[177] Kempson E, Whyley C. Kept out or opted out? Understanding and combating financial exclusion [M]. London: Bristol UK Policy Press, 1999.

[178] Kempson E, Whyley C. Understanding and combating financial exclusion [J]. Insurance Tend, 1999 (21): 18-22.

[179] Kempson E, Atkinson A, Pilley O. Policy level response to financial exclusion in developed economies: lessons for developing countries [OL]. [2004-10-24]. http://www. microfinancegateway. org/p/site/m/template. rc/1. 9. 25862.

[180] Khanindra CD. Access to Finance and Its Association with Development in Rural India [OL]. [2009-1-25]. http:// mpra. ub. uni-muenchen. de/20033.

[181] King RG, Levine R. Finance and growth: Schumpeter might be right [J]. The Quarterly Journal of Economics, 1993, 108 (3): 717-737.

[182] Levine RStock Markets, Growth and Tax Policy [J].

Journal of Finance, 1991, 1 (46): 1445-1465.

[183] Leyshon A, Thrift N. Geographies of financial exclusion: financial abandonment in Britain and the United States. 1995, 3 (20): 312-341.

[184] Mas I. New Opportunities to Tackle the Challenge of Financial Inclusion [OL]. [2010-8-10]. http://ssrn.com/abstract=1663954.

[185] Mas I, Radcliffe D. Mobile Payments go Viral: M-PESA in Kenya [OL]. [2010-3-20]. http://siteresources.worldbank.org/AFRICAEXT/Resources/258643-1271798012256/M-PESA_ Kenya.

[186] Sarma M, Pais J. Financial inclusion and development [J]. Journal of International Development, 2010 (3): 1-16.

[187] Méon PG, Weill L. Does financial intermediation matter for macroeconomic performance? [J]. Economic Modelling, 2010, 1 (27): 296-303.

[188] Michalopoulos S, Laeven L, Levine R. Financial Innovation and Endogenous Growth [OL]. [2009-10-20]. http://www.nber.org/papers/w15356.

[189] Mishkin FS. Is financial globalization beneficial? [OL]. [2005-10-29]. http://www.fdic.gov/bank/ analytical/cfr/2005/sept/CFRfall_ 2005_ FMishkin.

[190] Miliotis1P, Dimopoulou M, Giannikos I. A Hierarchical Location Model for Locating Bank Branches in a Competitive Environment [J]. International Transactions in Operational Research, 2002, 9 (5): 549-565.

[191] Nobuyoshi Y. A note on the location choice of multinational banks: The case of Japanese financial institutions [J]. Journal

of Banking and Finance, 1998, 22 (1): 109-120.

[192] Osei-Assibey E. Financial exclusion: what drives supply and demand for basic financial services in Ghana? [J]. Saving and Development Journal, 2009, 33 (3): 207-238.

[193] Paul G, David IL, Enrico M. Do Microfinance Programs Help Families Insure Consumption Against Illness? [OL]. [2003-5-2]. http: //escholarship. org/uc/item/5811j217.

[194] Pearce D. Financial Inclusion in the Middle East and North Africa Analysis and Roadmap Recommendations [OL]. [2011 -3-20]. http: //siteresources. worldbank. org/INTMNAREGTOP-POVRED/Resources/MENAFlagshipInclusion12_ 20_ 10.

[183] Beck T, Demirguc-Kunt A, Martinez Peria M S. Reaching out: Access to and Use of Banking Services across Countries [J]. Journal of Financial Economics, 2007, 85 (1): 234-266.

[183] Boston Consulting Group. The Socio-economic Impact of Mobile Financial Services Analysis of Pakistan, Bangladesh, India, Serbia and Malaysia [Z]. Working Paper, 2011.

[184] Shamin, F. The ICT Environment, Financial Sector and Economic Growth: A cross Country Analysis [J]. Journal of Economic Studies, 2007, 34 (4): 352-370.

[185] Andrianaivo M, Kpodar K. Mobile Phones, Financial Inclusion and Growth [J]. Review of Economics and Institutions, 2012, 3 (4): 1-30.

附　录

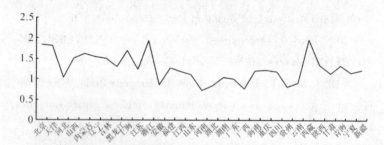

附图 1-1　2010 年我国各个省（市）县及县以下农村金融网点密度

资料来源：2010 中国银行业监督管理委员会农村金融服务图集整理得到。

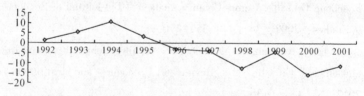

附图 1-2　1992—2001 年中国农业银行机构网点净增数的变化

数据来源：1993—2002 年《中国金融统计年鉴》。

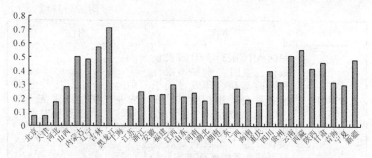

附图 1-3　2010 年各个省（市）农村地区获取贷款的农户比例

资料来源：2010 中国银行业监督管理委员会农村金融服务图集计算得到。

附表 3-1　　　　　中国农业银行发展政策变化

时间	事件	附注
1994 年 11 月 18 日	中国农业发展银行宣告成立并正式对外营业。	
1995 年 3 月 31 日	在中国人民银行的协调下，中国农业银行总行和中国农业发展银行总行正式签署了委托代理协议书。	协议书就委托代理范围、委托代理业务的管理、双方责权利和违约责任等重要方面做了原则规定。
1997 年 11 月	中共中央、国务院在北京召开全国金融工作会议。	会议的主题是治理整顿和防范金融风险。会议下发《关于深化金融改革、整顿金融秩序、防范金融风险的通知》，自 1998 年开始执行。针对国有商业银行，会议要求按照"经济、高效、精简、合理"的原则，积极稳妥、有计划、有步骤地进行分支机构和营业网点的撤并工作。

时间	事件	附注
1998 年 3 月	中国人民银行、中国农业银行、中国农业发展银行和财政部联合印发《关于把农业发展银行扶贫、开发等专项贷款业务划归农业银行的通知》和《关于接收开办中国农业发展银行划转业务的实施方案》。	中国农业银行接收中国农业发展银行扶贫、开发等专项贷款和中国人民银行专项贷款的工作。
1998 年 6 月	中国人民银行制定的"关于国有独资商业银行分支机构改革方案"得到国务院的批准。	方案对四大银行机构的撤并提出了非常具体的要求。
1998 年 11 月 15 日	中国人民银行、中国农业发展银行、中国农业银行和中国工商银行联合发出《关于粮棉油附营企业占用信贷资金划转及清算的通知》简称：《通知》。	根据《通知》要求，截至 1998 年 12 月 29 日，中国农业发展银行向中国农业银行和中国工商银行共划转附营业务占用信贷资产 958.6 亿元。

资料来源：中国农业发展银行网站。

附表 3-2　2007 年以来中国农业发展银行业务拓展情况表

银监会批复时间	新增业务种类	新增业务用途
2007 年 1 月 21 日	农村基础设施建设贷款业务。	农村路网、电网、水网（包括饮水工程）、信息网（邮政、电信）建设，农村能源和环境设施建设。
2007 年 1 月 21 日	农业综合开发贷款业务。	农田水利基本建设和改造、农业生产基地开发与建设、农业生态环境建设、农业技术服务体系、农村流通体系建设。
2007 年 1 月 21 日	农业生产资料贷款业务。	农业生产资料的流通和销售环节。

银监会 批复时间	新增业务种类	新增业务用途
2007年 4月6日	农业小企业贷款业务。	农、林、牧、副、渔业，从事种植、养殖、加工和流通的小企业。
2009年 6月11日	县域存款业务。	县域（包括县级市、城市郊区郊县）地区开办吸收除居民储蓄存款之外的公众存款业务。
2009年 6月11日	县域城镇建设贷款业务。	城镇基础设施、文化教育卫生和环境设施、便民商业设施和农民集中住房（包括农村集中居住区、棚户区、泥草房等）改造工程建设。
2010年 6月11日	咨询顾问业务。	中国农业发展银行业务范围内的存贷款客户和关联企业。
2010年 9月10日	新农村建设贷款业务。	解决借款人在农村土地整治、农民集中住房建设等方面的资金需求。

附表3-3　我国农村地区金融排斥现状数据表

地区	存、贷差 （亿元）	农村贷款 投放比例 （%）	获取贷款的 农户比例 （%）	农村地区 网点比例 （%）	获取贷款的 企业比例 （%）	股份制商业 银行比例 （%）
北京市	90.093	0.029	0.255	0.010	0.213	0.014
天津市	188.799	0.033	0.078	0.004	0.199	0
河北省	3409.977	0.356	0.087	0.044	0.479	0.017
山西省	1643.131	0.253	0.147	0.019	0.323	0.030
内蒙古 自治区	-861.964	0.483	0.162	0.027	0.310	0.434
辽宁省	992.196	0.122	0.142	0.026	0.210	0.005
吉林省	178.213	0.315	0.173	0.023	0.513	0
黑龙江	588.722	0.234	0.174	0.022	0.133	0
上海市	-108.165	0.027	0.091	0.004	0	0.015
江苏省	-2806.094	0.354	0.097	0.099	0.165	0.170
浙江省	-6617.413	0.426	0.164	0.101	0.378	0.336

地区	存、贷差 (亿元)	农村贷款 投放比例 (%)	获取贷款的 农户比例 (%)	农村地区 网点比例 (%)	获取贷款的 企业比例 (%)	股份制商业 银行比例 (%)
安徽省	1137.378	0.217	0.086	0.041	0.132	0.032
福建省	108.544	0.256	0.145	0.034	0.174	0.230
江西省	815.439	0.375	0.107	0.031	0.292	0.278
山东省	-252.9045	0.324	0.117	0.065	0.213	0.157
河南省	2024.968	0.300	0.086	0.042	0.238	0.224
湖北省	1414.935	0.170	0.148	0.029	0.152	0.042
湖南省	1583.354	0.255	0.125	0.034	0.340	0.101
广东省	2674.557	0.255	0.081	0.064	0.190	0.154
广西	398.649	0.266	0.096	0.035	0.143	0.030
海南省	345.217	0.074	0.116	0.006	0.044	0
重庆市	782.794	0.150	0.061	0.045	0.107	0.023
四川省	1780.278	0.268	0.149	0.051	0.232	0.181
贵州省	-117.156	0.343	0.110	0.018	0.125	1
云南省	-333.426	0.332	0.189	0.027	0.413	0.017
西藏	-11.589	0.269	0.158	0.012	0.177	0
陕西省	940.465	0.212	0.164	0.024	0.595	0.021
甘肃省	328.016	0.358	0.164	0.031	0.881	0
青海省	-11.469	0.247	0.130	0.005	0.101	0.043
宁夏	-168.789	0.243	0.123	0.004	0.306	0.128
新疆	300.909	0.362	0.158	0.025	0.126	0.042

2009 年《中国人民银行关于改善农村地区支付服务环境的指导意见》

一、指导思想和总体目标。

指导思想：深入贯彻落实科学发展观，按照社会主义新农村建设确立的战略目标，以服务"三农"为宗旨，大力推广非现金支付工具和支付清算系统，全面提升农村地区支付服务效率和质量，促进城乡支付服务一体化发展。

总体目标：建立有利于实施各项惠农政策的银行账户服务体系，发展适用于农村地区的支付工具体系，建设覆盖所有涉农金融机构的安全、高效的支付清算系统，促进农村地区支付服务组织多元化发展。力争到 2012 年，农村地区非现金支付量比 2009 年增长 20%，农村地区银行机构建成内部清算网络，能够以电子方式办理跨行支付业务；农村地区人均持卡量 1 张，持卡消费额占社会零售商品总额达到 10%；受理银行卡的商户增长 10%；ATM、POS 机具在农村地区的布放数量分别达到 6 万台和 24 万台，在较贫困的县实现 ATM、POS 机具布放零突破。国家各项补贴全部通过银行账户和银行卡发放。

二、促进农村地区银行结算账户的开立与使用。

三、因地制宜，积极推动非现金支付工具的推广普及。

四、夯实基础、畅通渠道，拓展支付清算网络覆盖面。

五、顺应需求、多措并举，不断完善支付服务市场。

六、注重风险防范，增强支付服务环境的安全性。

七、加强宣传、重视培训。

八、加强领导，统筹安排，有序推进，讲求实效。

资料来源：中国人民银行官方网站。